U0008308

【暢銷20年紀念版】

讓錢為你工作的自動理財法

簡單三步驟，啓發全球150萬人的自動千萬富翁系統

The Automatic Millionaire
Expanded and Updated
A Powerful One-Step Plan To Live and Finish Rich

David Bach 大衛·巴哈

黃仲華————譯

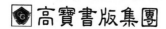
高寶書版集團

【各界推薦】

推薦《讓錢為你工作的自動理財法》

「《讓錢為你工作的自動理財法》是自動化的贏家，大衛·巴哈真的很在乎你。每一頁都可以聽到他鼓勵你邁向財務健康之路。不論你的身分或收入等級，都可以受惠於這個很容易實行的計畫。現在就做，你和你愛的人都值得成為有錢人！」

——肯·布蘭查（Ken Blanchard），《一分鐘經理》（*The One Minute Manager*®）共同作者

「《讓錢為你工作的自動理財法》循序漸進地提供你所有獲得未來財務安全需要的工具，如果你照他的方式做，絕對會成功。」

——珍·查茲基（Jean Chatzky），美國國家廣播公司（NBC）《今日秀》（Today）財經編輯

「大衛‧巴哈實際的財務建議很棒，因為十分簡單。如果自給自足對你很重要，那一定要有這本書。」

——比爾‧歐萊利（Bill O'Reilly），福斯新聞（Fox News）主播，《歐萊利實情》（*The O'reilly Factor*）和《實話實說》（*The No Spin Zone*）作者

推薦《起步晚，照樣致富》

「財務大師大衛‧巴哈的新書《起步晚，照樣致富》提供實用的建議，使我們不論幾歲，都可以把財務整理得井然有序。」

——美國退休協會（AARP）

「在愉快的氣氛下，大衛‧巴哈帶來穩健的策略達到財務目標……他機敏的方式讓讀者覺得彷彿和一個友善的個人財務顧問一對一聊天……強大、切中重點和令人愉悅，《起步晚，照樣致富》讓人很想快點看完。」

——《書頁》（*BookPage*）

推薦《富貴成雙》

「《富貴成雙》教導女人和男人在金錢上合作成為團隊。巴哈的九個步驟很強大，但簡單易懂，執行起來很有趣。整個家庭都能由這本好書獲益。」

　　——羅勃特‧T‧清崎（Robert T. Kiyosaki），《富爸爸，窮爸爸》（*Rich Dad, Poor Dad*）作者

「我知道要讓個人財務的書簡單易讀有多難，而巴哈做到了。《富貴成雙》彌補《聰明女人致富七招》不足之處……這是一本輕鬆活潑的作品，充滿許多讓人嘴角不自覺上揚的小訣竅，而且至少讓我大笑一次。」

　　——《美國週末》（*USA Weekend*）

「大衛‧巴哈提供了解決方法，能避免金錢衝突並讓夫妻一起規劃和諧的未來……根本之道是行動，而巴哈聊天式的寫作風格會幫助你達到目標。」

　　——《彭博商業周刊》（*Businessweek*）

推薦《聰明女人致富七招》

「啟發女人現在就開始規劃安全的財務未來。每個女人都可受惠於本書……巴哈是位優秀的金錢教練。」

——約翰・葛瑞（John Gray），暢銷書《男人來自火星，女人來自金星》（*Men Are From Mars, Women Are From Venus*）作者

「大衛・巴哈是一位在你受到財務威脅時會傾聽你需求的專家。他簡單易懂的計畫將讓你知道如何實現你的夢想。」

——安東尼・羅賓（Anthony Robbins），《喚醒心中的巨人》（*Awaken the Giant Within*）作者

「大衛・巴哈清楚解釋了一些複雜的東西：如何建立投資組合、節稅、投資自己和賺更多收入，使這本書成為傑作。」

——《職業婦女》（*Working Woman*）

推薦《自動理財法有房一族》

「巴哈開朗、積極樂觀的觀點……為首購族克服令人生畏的買房挑戰……對新手來說，這是一本必讀的書。」

——《今日美國》（*USA Today*）

「如果你今年只讀一本有關不動產的書，就該讀《自動理財法有房一族》……這是要向新手和經驗豐富的屋主大力推薦的少數幾本不動產書。」

——羅伯特・J・布洛斯（Robert J. Bruss），《邁阿密先鋒報》（*The Miami Herald*）

推薦《賺進你的第一桶綠金》

「好消息：並沒有綠色溢價！透過展示所有人都負擔得起綠色生活，大衛・巴哈證明好的環保和財務決定可以並存。《賺進你的第一桶綠金》針對如何在省錢的同時拯救地球，提供大家既實用又很棒的建議。」

——小羅伯特・甘迺迪（Robert F. Kennedy Jr.）

「《賺進你的第一桶綠金》不僅討論省錢，還包括為後代子孫保存自然美景的主題。這是一本內容豐富的環保書，能帶給你充滿希望的未來。」

—— 馬修·默丁（Matthew Modine），

「天天騎單車」（Bicycle For a Day）創辦人

推薦《無債一生輕》

「大衛·巴哈透過十本暢銷作品和多次現身《今日秀》和《歐普拉秀》（The Oprah Winfrey Show）等節目，改變了許多人的生命，並教導幾百萬人更聰明地理財。現在，他將透過《無債一生輕》提供坦誠、簡單、有效的建議，鼓舞和教導美國人減輕債務。大衛以最新且最棒的系統和工具創造了終極債務指南，幫助人們完全達到財務自由。《無債一生輕》的目的是拿回生活的自主權，開創更明亮、財務更安全的未來。」

—— 蘇珊·C·基亭（Susan C. Keating），

美國國家信用諮詢基金會（National Foundation for Credit Counseling）執行長

　　「大衛・巴哈了解數百萬美國人正在堆積如山的債務中苦苦掙扎，他寫下十年來必讀的書，鼓舞和指導美國人永久減債！《無債一生輕》提供了可行的建議和解決方案——你現在能採取什麼行動解決財務和債務問題。巴哈的計畫包含許多工具，使你達到無債的境界，以獲得真正的財務安全。今天就買本《無債一生輕》，加入大衛的行列，力挽債務狂瀾，買回我們的未來——沒有債務的未來。」

　　——大衛・C・瓊斯（David C. Jones），消費者獨立信貸諮詢機構協會（Association of Independent Consumer Credit Counseling Agencies）總裁

大衛・巴哈作品

《聰明女人致富七招》（*Smart Women Finish Rich*®）

《富貴成雙》（*Smart Couples Finish Rich*®）

《富足退休練習簿》（*The Finish Rich Workbook*）

《富足退休辭典》（*The Finish Rich Dictionary*）

《自動理財法練習簿》（*The Automatic Millionaire Workbook*）

《自動理財法有房一族》（*The Automatic Millionaire Homeowner*）

《起步晚，照樣致富》（*Start Late, Finish Rich*）

《賺進你的第一桶綠金》（*Go Green Live Rich*）

《為自己的錢奮鬥》（*Fight For Your Money*）

《重新開始，照樣致富》（*Start Over, Finish Rich*）

《無債一生輕》（*Debt Free Life*）

獻給我的英文老師

彼得‧安納斯

感謝你的照顧和啟發我寫作

你改變了我的生命

Contents

更新版序
繼續旅程

　　謝謝謝你買了這本《讓錢為你工作的自動理財法》（編註：初版為《自動千萬富翁》，2006 年）的更新版，並恭喜你決定要為自己創造更寬裕的財務未來。如果你是新讀者，歡迎。如果你讀了最早的版本，也歡迎回來。我一直惦記著大家，能再相聚的感覺很棒。

　　2003 年當我一開始寫這本書時，我的目標很簡單：我想透過告訴大家如何成為「自動千萬富翁」，幫助一千萬人達到財務自由。我知道這個目標很有挑戰性，但也令人興奮，我相信值得一試。我在開始嘗試時沒料到的是來自採取行動並改善生活的人口耳相傳的力量。

　　在本書接觸到準備採取實際行動的人時，它真的開始快速改變無數人的生活。很多讀者開始買這本書當禮物，和朋友、家人及同事分享。這本書在全世界造成爆炸性迴響。本書在美國幾乎每個暢銷書排行榜都名列前茅，包括《紐約時報》、《華爾街日報》、《今日美國》和《彭博商業周刊》。

　　接下來幾個月我有幸在《歐普拉秀》、《今日秀》、哥倫比亞廣播公司（CBS）《晨間秀》（Early Show）、有線電視新聞網（CNN）《美國晨間新聞》（American Morning）和許多其他電視節目分享本書理念。然後我有個美妙的機會參與美國公共廣播電視（PBS）特集，觸及了幾百萬名觀眾。同時我巡迴美國和加拿大，以現場活動教導幾十萬人。

　　幾年內全世界就賣出了一百多萬本《讓錢為你工作的自動理財法》，翻譯成十五種語言，根據《彭博商業周刊》，它成為年度商業書籍銷售第一名。最後，《讓錢為你工作的自動理財法》名列暢銷排行榜近十年，並持續幫助各個年齡層和收入階級。

　　這本書的成功不僅讓我感到興奮、謙遜，也很具教育性。我親身目睹大家強烈需要簡單、可實踐的輔導方法處理金錢相關的事情，而現在這樣的需求更勝以往。更重要的是，我看到了這些簡單的概念是如何改變人們的生命。有幾千人寫信給我，分享他們使用本書的方法而成功的故事。自本書初版至今，你們的故事越來越詳細、重要且令人驚喜。

　　那麼，如果這本書有那麼大的影響力，為什麼要更新呢？答案很簡單，因為世界一直在變，而金錢方面的事學無止境。現今世界似乎以前所未有的速度在變動。自上次我更新本書以來，我們已歷經一次嚴重的經濟衰退，接著是強勁

的景氣復甦。托景氣的福，全球現在的千萬富翁人數創新高。全世界千萬富翁人數過去十年已經倍增。遺憾的是，並非每個人都受惠於景氣或成為千萬富翁，許多人還是很擔憂自己的財務狀況。

自本書初版以來，我們也經歷了前所未有的科技變動，好消息是現今的科技讓成為「自動千萬富翁」更加容易。雖然本書的核心訊息和原則沒變，不少相關稅務規定和法令卻有了變化，所以我更新了全部參考資料，提供你我最新推薦、目前最適用的網站、投資策略和技術。我也新增了一章，刊出我們收到的其中幾則成功故事，全都來自像你一樣想實現成效的一般人，而他們現在已經成為「自動千萬富翁」了。有的故事很不可思議，很難相信是真的——但它確實是真的。不受時間限制又實際可行的建議令人驚訝的是，經過十年左右，你可以看到小小的改變就能讓人們的生命產生奇蹟。在我們的網站還有更多這類的故事。不要只聽我的話就相信它行得通，看看這些實例，讓實例中的人們激勵你——如果他們做到了，你也可以。事實上你一定做得到！

最後我加進一章稱為「千萬富翁自動化藍圖」的內容。我會以一頁簡潔有力的圖表提供你路線圖，使你的計畫能完全自動化。

《讓錢為你工作的自動理財法》更新版的主要目標沒有

改變：讓如何富足生活和致富退休的學習過程簡易、有趣和可行。無論現在還是未來，本書都一直會以永恆的原則為基礎，如果你採取正確的行動，「自動化」你的財務生活，一切都會更寬裕。

　　再次由衷地感謝你給我機會當你的嚮導和教練。享受這本書帶你經歷的旅程，祝你開心愉快。你值得過富足的人生，我知道你可以。現在讓我們開始吧！

前言

　　如果我跟你說，我能夠在一兩個小時內分享一個緩慢但絕對可以讓你變成有錢人的系統，你會怎麼想？

　　如果我跟你說，它是個被證明很有效的系統，在一兩個小時內你就能建立起來，不必規劃預算，不用遵守紀律，一天投資不到 10 美元，而且坐在舒適的家中透過電話或網路就能進行，你會怎麼想？

　　如果我跟你說，這個系統稱為「自動理財法」（Automatic Millionaire®），只要和我一起花一兩個小時，就能成為富翁，而且一切簡單到一旦建立好系統，每個月花不到十分鐘就可以監控呢？這會引起你的關注嗎？你想和我一起花上一兩個小時嗎？你想成為自動千萬富翁嗎？

　　如果以上的內容引起了你的注意（我也這麼希望），請繼續看下去。如果你在書店，請再看幾頁，我確定你會被吸引住。本書的目的是讓你看一兩個小時然後馬上行動，內容簡單好讀，系統容易操作。因為它是經過實證並且符合常理的財務建議，如果你願意，它可以幫助你達到目標。

誰偷走了我們的夢想？

　　過去幾年在某個地方，以某種方式，人們的夢想產生了變化。對許多人來說，住在好社區、開好車、給小孩（如果有的話）比你更好的生活及退休時有足夠的錢，不論何時都能做你想做的事，這樣的夢想已不復見。

　　自從 2007 年房市泡沫破滅開始，緊跟著經濟衰退，美國陷入經濟壓縮狀態，很多人至今仍感受得到其影響。股市重挫，許多美國人的財富大幅縮水。在 2007 到 2009 年的空頭市場中，華爾街的總虧損高達 11 兆美元。不幸的是，數以百萬計的美國人還未恢復美元氣，因此無數人沒辦法退休，得重回職場，沒人知道他們還要工作多久。同時，未來五到十年有退休計畫的另外幾百萬人在想：「剛才發生了什麼事？我能退休嗎？我的夢想在哪？」

　　對大多數美國人而言，為未來投資的過時方式已經行不通了。看一下這個數字：根據美國儲蓄教育委員會（American Savings Education Council），有 57 ％的美國勞工存款不到 25,000 美元。另外一份由理財網站「銀率」（Bankrate.com）進行的調查指出，每三個美國人中就有一個人是零存款。沒錯，一塊錢也沒有。在此同時，最近的統計數據顯示目前美國人平均欠下的卡債超過 8,400 美元。

　　即便是應該頗富有的嬰兒潮世代的財務狀況也不穩定，每天約有一萬個嬰兒潮世代屆臨退休年齡，但根據美國退休協會的研究，「典型嬰兒潮世代」的金融資產只有 1,000 美元，我們可能稱他們為有錢人，但他們的財務卻是破產的。

你的財務狀況如何呢？

　　你還是月光族嗎？或者更糟？你每個月的薪水都花光，卡債高到幾乎無法支付最低應繳金額嗎？你知道如果欠下 2,000 美元卡債，每個月只付最低應繳金額，要花超過十八年，期間要繳交超過 4,600 美元才能付清卡債嗎？

　　提出這些事實和數字的重點不是要讓你沮喪，而是要你放心，如果你還沒有達到自己想要或需要的有錢程度，你有許多同伴。

　　要是你看過我其他十一本書中任何一本，例如《起步晚，照樣致富》、《聰明女人致富七招》或《富貴成雙》，你會了解在學習金錢上我的方式很務實。你也會知道我成功協助幾百萬人採取行動改變他們的財務生活，把金錢這個主題變得簡單有趣。帶著務實的精神，讓我來說說我為何寫了這本書。實際上非常簡單。

變有錢的祕訣

　　我決定寫這本書是因為在寫了那麼多本書，上了多個廣播及電視節目，辦了幾百場演講和研討會後，每天還是有人問我：「大衛，變有錢的祕訣是什麼？我還可能變有錢嗎？還有希望嗎？」

　　連我自己的朋友都問我這問題，他們會問：「大衛，我不想見顧問，也不想讀厚厚的書，直接告訴我要做什麼就好。祕訣是什麼？」

　　我跟你說，的確有個在美國致富的祕訣，而且很簡單，事實上簡單到幾乎沒人在做。除了簡單，這個祕訣甚至有點平淡無奇——平淡到你可能已經知道大部分內容，但不表示你沒有要學習的地方。畢竟，如果你不是有錢人（你仍在看這本書代表你大概不是），那你是否已經聽過我將分享的某些祕訣就不是很重要了。

　　為什麼？

　　因為你很可能不會使用這些祕訣，你的朋友或許也不會。事實上，大部分美國人都不會，因為學校沒有教。

學校應該教卻沒教的事

本書目的不只是分享祕訣，也會教你實際應用。

現在，讓我釐清一些事，我並不是在保證「一夜扭轉你的財務狀況」。這不是一本你會在社群媒體上看到小廣告，強調「免付訂金」且「購買我們的軟體和時事通訊，你也可以馬上致富」的著作。

雖然我認為「自動變成千萬富翁」並不誇張，但我說的不是幫助你在短短幾週、幾個月甚至幾年內成為有錢人。你將學到的是如何在你的工作生涯中慢慢成為真正的有錢人；它是一種緩慢的致富方式，無法速成。

這聽來可能不像在幾週或幾個月內致富那樣令人興奮，但我向你保證，這樣更實際。如同我之前所說的，這個方式經過驗證且符合邏輯，能使你財務自由，還能實現夢想。

想想那些將債務通通拋諸腦後，有足夠的錢過夢寐以求的生活，早早退休享受一切的少數人。你不想成為其中一員嗎？你不認為自己有資格實現夢想嗎？這本書可以幫助你達到目標。

本書如何運作？

　　首先，你將看到自動千萬富翁的原型。在我成為財務顧問、作者和演講者的這些年，我確實遇見了幾百位自動千萬富翁，令人驚訝的是，他們在你周圍而你從來都不知道，我會在第一章提到麥肯泰爾夫婦的故事，他們是我最早碰到的自動千萬富翁，從他們身上學到的事改變了我的一生。

　　讀讀他們的故事，消化一下，其中包含的強大訊息可能馬上改變你對金錢的看法。一旦你的想法改變了，你的行動也很容易跟著改變。接下來，後面八個章節將列出你需要知道的事，好跟隨他們的腳步，讓自己成為有錢人。

面對複雜的金錢世界並簡化它

　　有成千上萬本書談錢，它們都承諾要教你如何致富。你可能已經有幾本這樣的書，你可能抱著良好的目標買了書，但不是從沒翻過，就是更糟的狀況，試著閱讀但發現你感到困惑而且昏昏欲睡。

　　這本書不一樣，它簡單又直接，並且會在幾個小時內教你所有想成為自動千萬富翁需要知道的事。

自動理財法背後的理念

- 你不必賺很多錢才能致富。
- 你不需要有紀律。
- 你不必成為「自己的老闆」（是的，做個員工仍然可以致富）。
- 運用我所謂的拿鐵因子（The Latte Factor®），每天只要幾塊錢就能累積財富。
- 有錢人越來越有錢（且持續下去），因為他們先付錢給自己。
- 屋主變有錢；租房者變窮。（是的，這仍是真理。）
- 最重要的是，你需要一套「自動化系統」，這樣你才不會失敗。

你將學到讓計畫自動化的方法

總而言之，如果你的財務計畫尚未自動化，你一定會失敗！要你嚴守紀律和預算，每兩週開一次支票的投資計畫根本行不通（編註：美國付錢習慣以支票支付所有款項）。你的生活很忙碌，沒有時間每幾週坐下來思考要怎麼存錢以及寄支

票給誰。你不是已經嘗試做預算存錢了嗎？但沒有效果，對吧？然而大部分美國人都還在這麼做。這種方式只會帶來挫敗感。

不過，有個解決方案。**能夠持續改變你的財務狀況，協助你長期建立實質財富的方法就是——把你的財務計畫自動化！**

把你的財務計畫自動化這個步驟，幾乎可以保證你不會在理財路上失敗。為什麼？因為把它自動化，你就邁向了成功之路。你將從這本書學到些東西，而且在幾分鐘內就能行動。這本書有一個很重要的核心概念：你必須跨出關鍵的那一步，那就是把你理財的所有層面都自動化。

什麼是自動化的計畫？我的意思是要你建立好計畫，然後儘管過你的生活，不必花太多時間思考或擔心你的錢。你知道為什麼這一點很重要嗎？說到底，我們就是因為沒有自己的生活，才會越來越迷惘。把財務計畫自動化，你將能從中得到強大的東西：無憂無慮的時光，最終越來越能過自己想要的生活。

如果透過簡單又完全自動化的計畫成為自動千萬富翁的概念吸引到你，那你來對了地方。別因為它現在聽起來太簡單而煩惱，未來幾小時你將發現，由於簡單到不可思議，所以這是一本十分容易看完的書。此外，每章結尾都會列出簡

短的摘要，我稱呼它為「自動理財法行動步驟」，清楚地告訴你現在能夠採取的行動，好讓自己開始踏上自動累積實質財富的路。

　　這確實可以做到，如你所見，如果吉姆和蘇・麥肯泰爾能成為自動千萬富翁，那麼任何人都可以，包括你。所以讓我們開始吧！在幾個小時內，你會驚喜地看到你的想法產生了多大的改變，以及你有多想開始行動。

第 1 章

遇見自動千萬富翁

　　我永遠忘不了第一次遇見自動千萬富翁的時刻。那時我大約二十五歲，在當地成人教育課程中教投資課，我的一個學生吉姆・麥肯泰爾是當地公用事業的一位中年中階經理人。我們之前沒有聊過太多，直到有天課後他來找我，問說是否能約時間檢視他和他太太的財務狀況。

　　這要求令我頗為意外，雖然我深信（現在仍然如此）每個人都可受惠於合格財務規劃師的建議，但吉姆不太像是會尋求幫助的那種人。

　　我告訴他我很樂意安排會面，但如果要我協助他們，他的太太也要來，因為我的小組只為一起處理財務的夫妻管理資金。

　　吉姆微笑著說：「沒問題，因為蘇我才會在這。她參加過你的『聰明女人致富七招』研討會，跟我說應該報名你的課程。我喜歡你的內容，我們兩個都覺得是時候做些財務規劃了，我計畫下個月退休。」

　　現在我真的很吃驚了，我不動聲色地上下打量吉姆，懷疑他是否能退休。從他在課堂上幾次發表的意見，我得知他五十歲出頭，在同一家公司工作了三十年，年薪不過 4 萬美元上下，從不做預算，我也了解他自認是「極度保守」的人，因此估計他不是從股市致富。

　　雖然我的祖母羅斯・巴哈教導我絕對不可以貌取人，但

事情不太合理，也許他才剛繼承了一大筆錢，看在祖母的分上，我這麼期望著。

這其中有什麼是我沒注意到的嗎？

幾天後，麥肯泰爾夫婦來到我的辦公室，他們看起來就和勤奮的普通美國人沒什麼兩樣。令我印象深刻的是吉姆穿了件短袖禮服用襯衫，胸前的口袋裝有塑膠的口袋保護套。他的太太蘇比較有品味，頭髮有十分顯眼的金黃色挑染。她是個美容師，小吉姆兩歲。

問題是他們的行為不像中年人，他們手牽著手，彷彿第一次約會的高中生，散發著興奮之情。在我詢問該怎麼幫助他們前，吉姆開始講他的計畫和閒暇時的活動，同時蘇一直大聲地說：「他可以那麼早退休是不是很棒！大多數人在六十五歲前都沒辦法退休，但吉姆五十二歲就做到了。」

別興奮過頭了

過了幾分鐘，我必須打斷他們：「兩位，你們的熱情很

有感染力，但別興奮過頭。過去幾年我碰過大概幾百個潛在
的退休者，但我得告訴你，幾乎沒有一個人能在五十歲出頭
就退休的。」我直視吉姆的眼睛說：「通常人們來我辦公室
是想知道他們是否能退休，你似乎已經確定你可以。為什麼
你這麼確定？」

吉姆和蘇交換了眼色，然後吉姆回答：「你認為我們還
不夠有錢，對吧？」

由他說話的方式看來，這不太像是個疑問。

我回說：「嗯，這不是我的意思。但沒錯，想提早退休
得要有不少錢，而大部分人在你這年紀甚至都沒存夠錢，根
據你的背景，我的確很好奇你怎麼可能存到夠多的錢。」我
看著他的眼睛，他則平靜地凝視著我。

「吉姆，你才五十二歲。」我說：「十個人中只有一個
人勉強能在六十五歲退休，並且過著和他們工作時差不多的
生活。你得承認以你的收入要在這個年齡退休是很了不起的
事。」

他點點頭。「有道理。」他說，接著遞給我一疊文件，
裡面包括他和蘇的報稅資料，以及列出他們持有的投資與負
債內容的財務報表。

我先看他們報的稅，前一年兩人總收入為 53,946 美元，
還可以，確實不算有錢，但是不錯的數字。

好，再來看看他們欠多少錢？

我掃過了報表，沒看到債務數字。我很驚訝地說：「嗯……你們沒有負債？」

「麥肯泰爾家從不負債。」

他們又交換了微笑，蘇握緊吉姆的手。她咯咯地笑說：「麥肯泰爾家從不負債。」

「你們的小孩呢？」我問。

「他們？」吉姆回答，「兩個人都從大學畢業了，自力更生，上帝保祐他們。」

「那很好呀。」我說：「來看看你們持有的內容。」回到報表，有兩間房子列在其中：一間自住（價值 45 萬美元），另一間出租（價值 32.5 萬美元）。

「哇！」我說，「兩間房子都沒有房貸？」

他回答：「對，都沒有。」

再來是退休帳戶。吉姆的 401(k) 計畫（編註：美國的退休福利計畫）餘額目前是 61 萬美元，蘇有兩個退休帳戶，總共 7.2 萬美元。他們還持有 16 萬美元的地方政府債券，銀行存款則有 6.25 萬美元。再來說龐大資產基礎，他們加上個人財

產（一艘船和三輛車，貸款全都付清），淨資產接近 200 萬美元。

　　以任何標準來看，他們都很有錢。不只是因為他們擁有許多淨資產（雖然這樣就很厲害了），投資產生的利息和股息也持續帶給他們源源不絕的收入，第二間房子的租金收入一年有 2.6 萬美元。另外吉姆有資格獲取小額退休金，而蘇太喜歡美容師的工作，想做到六十歲（即使她不必如此）。突然間，吉姆要在五十二歲退休似乎不是很瘋狂的事了，事實上非常實際，不但實際，還令人興奮。

「我們承繼了知識。」

　　我通常不會睜大眼睛看其他人的財富，但他們的某些事令我印象很深刻。他們看起來不是很有錢，也沒有非常特別之處。相反地，他們十分普通——正派、友善、勤奮的夫妻。他們怎麼可能在相對年輕的年紀累積這麼多財富呢？

　　說得婉轉點，我有點疑惑，但也受到吸引。我那時二十五歲左右，即使賺不少錢，但基本上仍是月光族。有幾個月我勉強可以存到一點錢，但大多都會在下個月因為太忙或花太多錢而一毛不剩。有很多個月我的財務狀況不但沒有進

展，反而還大幅退步，我得一天比一天拚命工作才能維持收支平衡。

　　真的是令人既窘迫又挫折，現在我是財務顧問，教其他人如何投資，而我自己卻常陷入困境。更糟的是，眼前的麥肯泰爾夫婦，收入最好的一年賺得還不到我的一半，卻坐擁百萬資產，我則一步步掉進債務深淵。

　　他們顯然知道運用他們的資金採取行動的祕訣，而我需要學習。我決定好好了解其中奧祕。如此普通的人是如何累積那麼多財富？我非常想知道他們的祕訣，卻不知從何開始，最後我問他們：「你們是繼承來的嗎？」

　　吉姆突然捧腹大笑，重複我的問題：「繼承？」接著他搖搖頭說：「我們唯一繼承的是知識，我們的父母教導我們幾個管理金錢的常識規則，我們只是照著做，果然成功了。我們認識的人也一樣，其實我們社區有一半左右的朋友即將在今年退休，當中許多人甚至比我們還富有。」

　　此時我真的著迷了，他們來找我詢問能如何協助他們，但現在換我請教他們了。

看起來有錢與真的有錢

　　「你知道，」我說：「每星期我都會和像你一樣來上課的人碰面，但他們和你剛好相反，我的意思是，他們看起來有錢，但深入了解他們的狀況時，結果常常是他們既不富有還瀕臨破產。就在今天早上，我和一個開全新保時捷、戴勞力士金錶的男士碰面，他看來頗有錢，但在我檢視他的財務狀況時，發現他實際上完全是在吹牛。他約五十五歲，住在有 80 萬美元貸款的百萬豪宅，存款不到 10 萬美元，卡債超過 7.5 萬美元，還租了台保時捷！而且他得付兩個前妻贍養費。」

　　這時候，我們三人都忍不住笑了起來，我說：「我知道這不好笑，但這傢伙看起來有錢又成功，實際上卻是財務和情感上都受重創的人，他處理財務的方式像開保時捷，一路違規。然後你們來了，你開了台福特金牛，吉姆戴了支十年的天美時手錶。」

　　「不對，」吉姆微笑著打斷我的話：「是戴了十八年。」

　　「沒錯，」我說：「戴了十八年的天美時，而你很有錢。你們相當滿足，婚姻順利，有兩個大學畢業的優秀小孩，而你五十多歲就要退休。所以，請告訴我，你的祕訣是什麼？你一定有，對吧？」

蘇直視我的雙眼，「你真的想知道嗎？」她問。

我沈默地點點頭。

她看著吉姆：「你覺得我們可以再留十五分鐘解釋給他聽嗎？」

吉姆說：「當然。」

「什麼？十五分鐘？」我很訝異，懷疑他們是不是真的能在那麼短的時間把祕訣解釋清楚。

他把目光轉向我：「其實，大衛，你早就知道這件事，你每天都在教，我們只是加以實行而已。」

吉姆和蘇分享他們的故事

蘇深吸了一口氣，接著開始說他們的故事：「首先，我們很早結婚。我們開始約會時吉姆才二十一歲，我十九歲。我們在三年後結婚。度完蜜月後，我們的父母和我們坐下來對話，告訴我們要認真對待生活。他們說我們可以選擇，像大多數人一生都在工作，每個月花完薪水，或是讓錢為我們工作，真正地享受生活。他們說訣竅很簡單，每次你賺一塊錢，應該要確定先付錢給自己。」

「我們決定先付錢給自己。」

　　吉姆同意地點點頭。「你知道，」他說：「大部分人認為一拿到薪水，第一件事應該先付清所有的帳單，如果有剩餘，他們可存些錢。換句話說，是先付給其他人，最後才是自己。我們的父母教我們，要超越這局面，你必須扭轉它。先留些錢給自己，然後再付其他帳單。」他身體往後，靠著椅背而坐，聳了聳肩，彷彿在說「這沒什麼了不起」。

　　蘇微笑，搖搖頭說：「吉姆說得很容易，但實際上我們要先學如何存錢。一開始我們試著做預算，但不知為何，數字總是兜不攏，我們也常發生爭吵。有一天，我在為錢吵架後感到很難過，於是打了電話給我媽，她告訴我預算行不通。她說她和我爸已經試過，但帶來的是無止境的爭辯。所以他們決定丟掉預算，把薪水的 10% 存進銀行帳戶，要看或用時才會提出來。你會很意外自己很快就習慣不去用到那 10% 的錢，同時錢在銀行也慢慢地累積，祕訣就是不能花掉你看不到的東西。」

　　「我們照著做，從只存收入的 4% 開始，慢慢地增加金額，目前我們存到 15%，平均大概是 10%，就是我媽說的數字。」

　　我問：「你們怎麼處理你們的存款？」

　　她說：「剛開始，我們存錢是為了退休。」

　　吉姆打斷對話：「你知道，那時並沒有 401(k) 退休計畫，但很多企業，包括我的公司有退休計畫，讓我們不論何時都可撥出額外的資金。我們大部分的朋友沒有這樣做，但我們按部就班進行。」

　　蘇繼續她的故事：「接下來，我們把重點放在存錢買房子。我們兩人的父母都說他們的房子是一生做過最好的投資，沒有比擁有房子更自由和安全的事了。但他們說關鍵是要沒有負債，也就是盡快還清房貸。

　　「他們說，當我們的朋友忙著浪費錢在裝潢家裡，每天中午外食時，我們應該要注意支出，盡量儲蓄。他們指出了重點，有很多人浪費大筆金錢在枝微末節的事上。」

　　她看著吉姆問說：「你還記得吧，親愛的？」

　　「當然啦。」吉姆回答。他轉向我：「你知道，財務上比別人成功不是要小氣或平淡乏味，而是要注意小事情──你的小額消費習慣，沒有那種習慣你會過得更好。就我們來說，我們了解自己花太多錢的主要『小東西』之一是香菸。我們一天都抽大約一包菸，我們的父母都很討厭。在那時，健康風險才剛開始公諸於世，他們指出如果我們不浪費錢買菸，兩年內大概可以存夠錢付房子頭期款，過程中我們還可以保有健康。」

「我們很注意自己的拿鐵因子。」

吉姆把身體向前傾,他說:「你知道在研討會上你稱為『拿鐵因子』,就是那個告訴大家別再浪費錢每天早上買很貴的咖啡,而是把錢拿去投資的觀念對吧?」

我點點頭。

「我爸爸不是這麼叫它,卻是同一件事。他可能會稱它『香菸因子』或『別亂用你的錢因子』,概念是一樣的。如果每天存下一些錢,我們最終能買下自己的房子。他說如果我們租房子,就會一直窮下去,因為這是讓其他人變有錢;如果是買房子,最後我們會讓自己變有錢。」

「就這樣?」我問:「你減少買香菸的錢,存下來,然後買了房子?」我看著他們,他們回以微笑並點頭。「但你們最後怎麼有兩間房子,都沒有房貸?」

蘇說:「我們不是真的有兩間房子,我們有一間房子和一個出租的不動產,那是祕訣的另一部分。」

吉姆繼續說:「我們的父母教了一個可以提早還清房貸的訣竅。你會很喜歡,但要在銀行下多點功夫。現在又比以前更容易了。重點是不要一個月付一次房貸,而是每兩週付一次。持之以恆,到年底就會發現自己多付了一大筆錢,還不會感受到任何壓力。付清房貸的時間也從三十年減到二十

五年。我們算出依照這個計畫，可以在二十五歲左右買一間房子，快五十歲時就能付清房貸。實際上情況更好，我們持續繳更多房貸，所以接近四十歲時就差不多還清了。」

「然後呢？」我問。

「然後我們就不必付房貸了，每個月有多出的錢。」吉姆咧著嘴笑說。「我們想到不是浪費掉這筆錢，就是可以買間比較好的房子，再出租第一間房子。我們用同一個技巧，快速地付清房貸。沒錯——接下來的事你已經知道了，我們完全擁有兩間房子：一間自住，另一間租出去，美好而穩定的收入就源源不絕而來。」

「很棒的計畫。」我說。

吉姆用力地點頭。「蘇的父母教我們的另一件事情是絕對不要借錢買東西。」他說：「他們嚴守一個原則並傳承給我們，我們再教給小孩：不論東西有多大，你要用現金買，不然就別買。唯一的例外是買房子，像蘇說的，你要盡快付清房貸，不是那麼容易，但這是規則。」

「沒錯。」蘇附和說：「吉姆花了五年的積蓄才買下那艘船。」

「即使在那時，我還是選擇買中古船。」他補充說。「但這樣也好，我很樂意讓其他人付出全額價格購買全新的東西，而我只要用一部分的金額就能擁有。我們也是這樣買所

有的車子，車子由可靠的技工檢查，仔細處理，開起來就很順。」

「重點是，」蘇說：「如果沒有足夠的現金買東西，我們就不買。我們結婚至今從來沒有卡債。我們使用信用卡時，也是當月即繳清卡費。那是我們父母教的另一個祕訣，他們說我們會很愛，但銀行會很討厭。」

最重要的祕密

我將身體往後靠回椅子上，驚訝於他們把一切變得如此簡單。一定有什麼地方不對勁，我想了一會兒，了解到其中的意義。

我說：「你們說的所有事都很有道理，排除不必要的支出、加速付清房貸、只用現金買東西、避免卡債……完全正確。這都是我在研討會中教的，但放在一起要有很強的意志力，真的讓我十分敬佩。我希望每個人都有你們這樣的紀律。可惜的是大部分人沒辦法，我猜那是大多數人無法用你們的方式變有錢的原因。」

吉姆和蘇又互看了一眼，兩人都微笑，吉姆示意蘇解釋。

你不需要意志力或紀律

「但那就是重點，」她起頭說：「我們沒有強大的意志力，如果要靠自律遵循父母的祕訣，我不認為我們能做到這麼好的程度。」

「我們絕對做不好。」吉姆插話說：「我的意思是，蘇能做到自我控制，但我──就算了吧。」

現在我真的糊塗了。「我不了解。」我說：「你們如果沒有特別的自律，怎麼做得到？畢竟我們生活在廣告和娛樂的社會中，即使政府也是不斷引誘我們，做和你們父母教的完全相反的事，所以你們怎麼抵擋得了？面對一切誘惑，怎樣才能堅守所有規則？」

我問的不只是出於專業好奇的問題，如我所說，我那時才二十五歲上下，個人覺得實在難以嚴守紀律存到我知道應該存的錢。我熱切想知道的心情一定都表現在臉上了，因為他們兩人突然笑出來，沒多久我也笑了。

「你知道的，大衛，」吉姆最後說：「我們有個女兒只比你小一點，所以信不信由你，我們真的了解在二十多歲時要自律存錢有多難。而那正是這套方法的優點，因為不需要紀律。」

我回以狐疑的表情。

吉姆說：「我不意外你會感到懷疑，它簡單和明顯到即使像你這樣很了解金錢的人也不容易看清楚。這麼說吧，假設你知道自己應該做某件事，但你也害怕會分心去做別的事，你要如何保證自己在做應該做的事？」

他看著我，我聳聳肩。

「就像我說的，」他繼續說：「很簡單，不要讓自己有機會決定要做什麼，讓應該做的事自動發生。」

「還記得我前面和你提過我們先付錢給自己的事嗎？」蘇插話說：「我們做的就是安排每個月自動撥出一部分薪資存入銀行帳戶，關鍵在全部自動進行，這件事一旦設定好，我們什麼都不用做，名符其實的不用『經手』。」

「當然，」我說：「就像我在課堂上提到的系統化儲蓄和投資計畫，只是你們應用到財務上的各個層面。」

「沒錯！」吉姆大聲地說：「如果我不必去想它，就不可能忘了，或是更糟，改變主意並刻意不做。一旦你不用自己做決定，你就不會受到引誘做錯事。」

「我們決定使用自動理財法。」

又輪到蘇了。「我們父母稱之為自我保護，我們不用

擔心要有特別的意志力，因為真的不必做任何事，除了一開始決定我們要有錢這件事。有了這偉大的東西叫做『薪資扣款』，我們把每件事都自動化了，創造出極其簡單的自動系統累積財富。」她說。

「我們請吉姆的公司提撥薪資到他的退休帳戶，也用類似方式加速付清房貸。銀行一開始提供自動轉帳計畫時，我們就申請每月房貸扣款，並多付出一些，直接由支票帳戶扣款，不用做什麼或說什麼。我們也利用系統化扣款計畫，自動投資我們部分收入於共同基金。最後，我們甚至將捐款自動化。我們每年都會捐些錢，但長期下來我們了解讓整個程序自動化有多簡單。」

吉姆說：「要知道，我們討論的不是一大筆錢。剛開始時，我每個月的薪資扣款不到 50 美元，但長期下來很可觀。」

我往下看他們的財務報表，淨資產有七位數。我說：「你沒在開玩笑，真的很驚人。」

蘇搖搖頭，靜靜地說：「你錯了，這沒有什麼，我們做得到，其他人也可以。藉由在年輕時決定要有錢，然後建立財富自動系統，我們讓這件事不可能失敗。就像 Nike 的廣告詞『Just do it』（只要去做就對了），我們則是『Just do it...once』（只要去做一次就對了）。說到錢，你只要自動化系統，一切就搞定了。」

　　吉姆點頭同意：「你知道的，我們開始的時候，自動化的科技很新，我們大多數的朋友不信任它，但現在不用動到什麼腦筋，我的意思是有許多方案，你可以在幾分鐘內自動化所有財務上的事情。我們的女兒露西在半小時內就自己設定好了全部的東西。目前她已朝自動理財的路上邁進，就和我們一樣。」

　　蘇說：「別以為一定要像我們這樣的老人才能做，你會允許一個媽媽自吹自擂，但我們的露西是位很時髦的年輕女性，她不會戴天美時。」

　　吉姆笑著說：「對啊，她戴 Swatch，很流行，但不會太貴。」

　　她說：「那就是重點，你可以在存錢的同時擁有樂趣，讓自己看起來很棒。你不必為了變有錢而墨守成規，我們就不是那樣過的。過去三十年來，我們一起享受了很愉快的時光，就和我們的朋友們一樣，甚至更棒，因為我們的生活沒有每天煩惱錢的壓力了。」

　　麥肯泰爾夫婦離開我的辦公室的樣子就和來的時候一樣，手牽著手，帶著新婚夫妻的興奮感一起憧憬著未來。我在座位上坐了很久，思考他們告訴我的事，尤其是吉姆和蘇離開前說的話。

　　他們說重點是「讓自己邁向成功」。如果變有錢可以這

麼容易，為什麼要把它搞得那麼難？我了解他們是對的，只要你知道要做的事並使它變成「自動化」，任何人都能成為自動千萬富翁。

和麥肯泰爾夫婦的會面是我生命的轉捩點，令我了解到持續而正向改變你處理金錢的方式是很重要的一步。

自動化所有事吧！

那天我從他們那裡學到的事，讓我把所有財務的事都自動化了。你知道嗎？真的有用，現在我也是自動千萬富翁了。

現在輪到你了

麥肯泰爾夫婦如何在不用紀律的情況下，慢慢而穩定地累積財產，最後變有錢的故事，也可以成為你的故事。想要了解怎麼做，請繼續看下去。再過幾小時你就能學會用全新的方式去思考與處理你辛苦賺來的錢。

你正在朝著自動千萬富翁的路上邁進。

第 2 章

找出拿鐵因子

「問題不是我們賺多少……而是我們花多少！」

所以我們要從哪裡開始？大概不是從你以為的地方。

大部分人相信有錢的祕密是找到盡快增加收入的不同管道，他們宣稱：「我只要賺更多錢，就可以變有錢了。」有多少次你聽到某人這麼說？有多少次你自己也這麼說？這絕對是錯誤的觀念。問問去年加薪的人他們的存款是否增加了，幾乎所有的答案都是沒有。

為什麼？因為絕大部分的情況下，**我們賺越多花越多**。

我們可以從麥肯泰爾夫婦那裡學到很多事，但如果只能從中拿一個重點來說，那應該是：你賺多少錢和你能不能或會不會累積財富沒有太大關係。記得吉姆告訴我：他從來不去談他在工作或投資上賺多少錢。他說財務要成功的祕訣是注意小事情──你的小額消費習慣，沒有這種習慣你會過得更好。

大部分人很難相信這點，為什麼？因為我們接受的教育剛好相反。我們所處的社會教導大家把每一分薪水花掉才是愛國，事實上我們常在拿到增加的薪水前就花掉了。商人知道這點，他們每年十一月和十二月刊登廣告，就是要讓人們用掉年終獎金，連政府也在推波助瀾。政治人物說刺激經濟的方法是減稅，概念是如果大家口袋多出了點錢，他們自然

會外出把它花掉。

遺憾的是，這其中有個問題，如果你是月光族，花光你賺的所有錢，你實際上就是在進行一場不可能獲勝的馬拉松比賽。比賽看起來會像這樣：

去工作→賺錢→花錢→去工作→賺錢→花錢→去工作……

注意到了嗎？結果總是回到「去工作」。這就是大多數人的處境。有些人稱之為「老鼠賽跑」——勤奮的人拚命工作，每週至少工作四十到五十小時，結果什麼也沒得到，因為每到月底他們已經把薪水花掉了。

這是個不公平的惡性循環，你不會想要陷進去。如果你已經在裡面，你要脫離它，速度要快。當你花掉所有賺來的錢（或更糟，超過你賺到的錢），你會讓自己處於壓力、恐懼、不確定、債台高築的生活中，甚至更慘，必須面對破產和未來貧窮的威脅。

你賺得更多，但存得更少？

多年來我看著我愛的人提高了收入，但常常並未賺得自由。我有個朋友工作極其勤奮，年薪由 5 萬美元升至 50 萬

美元以上，他的生活開銷也跟著收入攀升，但存款並沒有增加。他有華服和好車，在高檔餐廳吃飯，在精品名店購物，但他沒有比較有錢。實際上他現在的壓力比十年前大，因為他得負擔昂貴的生活方式：鄉村俱樂部會員、保姆、小孩的私立學校和龐大的房貸。而他無法想像沒有了這一切要怎麼辦。他在大部分美國人只能夢想的水準是成功的，但事實上他也和薪水少他很多的人一樣，陷在同一個老鼠賽跑中。

那你呢？你的收入可能比十年前多，但你的存款有更多嗎？你是超前還是掙扎著維持收支平衡，你的收入是幫助你更自由或更不自由？

為什麼大部分美國人存那麼少錢？

除了他們房子可能存在的淨值外，大多數美國人真的沒有什麼存款。平均來說，大部分人在銀行的存款無法支付三個月的開銷。

怎會那麼少？答案很簡單。就像吉姆和蘇的父母教他們的，大多數人把賺來的錢花在「小東西」上，我用引號強調是因為這個詞會誤導人。我們每天花在「小東西」上的錢，很快就會累積成一筆可觀的數字，最終會犧牲我們的自由。

我缺錢、我缺錢⋯⋯我要去上班了

　　事情不必如此發展，大多數人沒有真的想過我們的花錢方式，如果有想到，經常只注意到高價商品，反而忽視了每天吸走現金的小額支出。我們沒想過自己得工作幾個小時才能賺到錢，卻輕易地花在這個或那個「小東西」上。更糟的是，我們還沒有意識到，如果沒有浪費收入並拿出一些錢投資，自己可能擁有多少財富。

　　你現在要改變一切習慣，了解「拿鐵因子」。和麥肯泰爾夫婦一樣，你會更清楚自己浪費多少錢在「小東西」上，又該如何轉移這部分金額幫助你建立財富。即使你認為自己賺得很少也沒關係。不論你的收入多少，都可以用拿鐵因子開始建立實際的財富，最後獲得更多自由。

　　簡而言之，善用拿鐵因子，你終於可以開始和有錢人做一樣的事：**讓你的錢為你工作，而不是你為了錢工作。**

「少喝一杯拿鐵，就賺到了財富。」

──《時人》（People）

　　過去幾年拿鐵因子已被國際認可為一個指標，顯示我們如何將財富揮霍在小東西，而沒有真的仔細思考。這概念在

全世界的雜誌、報紙、電視和廣播節目成為焦點，你可能看過《時人》的文章，或者是在《今日美國》、《彭博商業周刊》或《家庭天地》（Family Circle）讀過。我也曾在《歐普拉秀》和《觀點》（The View）節目談過這個概念，並在 NBC 的《今日秀》、美國全國廣播公司商業頻道（CNBC）和 CNN 討論過。

在我們討論拿鐵因子的細節和對你生活的影響前，重要的是要先了解一件事，為了成為自動千萬富翁，你必須接受這個觀念：**不論你的薪水多少，你可能已經賺到夠多的錢變成富翁了。**我必須不斷強調這件事，你必須全心全意相信這個觀念。它會帶來讓你恍然大悟的時刻，能夠真正改變你的財務生活。

什麼是拿鐵因子？

拿鐵因子的出現是根據約十年前實際發生在我身上的事。有天在為期四週的投資課程最後一堂課結束前十五分鐘，我在教課，一位叫金的年輕女性舉手發言讓我停了下來。

她說：「大衛，你的看法理論上來說不錯，但和實際狀況無關。」

　　這話很不中聽。我問她：「你的意思是什麼呢？你怎麼會這樣說？」

　　她回答：「很容易啊，你看，大衛，你把存錢的概念弄得似乎很簡單，但事實上不可能。你說每天省下 5 到 10 美元很容易，嗯，對我來說，事關重大。實際上不可能。我每個月花光薪水，每個月收支不太能平衡。我怎麼可能每天存 5 到 10 美元呢？就很不實際呀。」

化不可能為可能

　　教室中幾乎每個人都點頭同意，於是我丟開課綱，決定用剩下的時間來回答她的問題。

　　我說：「金，因為教室裡有其他人也這麼覺得，我們來看看你說的內容，你可以跟我合作嗎？」

　　金說：「當然。」

　　我回答：「很好。」我轉向黑板拿起一根粉筆：「讓我們瀏覽一下你平日的花費，跟我說說你一天做的所有事。」

　　她說：「我去工作，然後回前一天的訊息。」

　　「等等，」我打斷她：「你到辦公室前呢？不會先喝一杯咖啡再開始工作嗎？」

坐在她隔壁的女性看著她，然後笑了出來。「早上不喝咖啡的金，」她搖搖頭：「不太可靠。」

金戳了她朋友一下，然後回答：「對，我先喝咖啡才開始工作。」

我回答：「好。你是在家泡咖啡，還是喝辦公室的免費咖啡？」

我們很快知道金通常是每天早上在星巴克買咖啡。實際上是她和她的朋友一起，那是她們特別給自己的「女孩禮物」。

我說：「你們買的是一般咖啡嗎？」

金回答：「不是，我總是買雙倍低脂拿鐵。」

我沈思著點點頭：「我很好奇，這杯雙倍低脂拿鐵要多少錢？」

「3.5 美元。」

「就這些嗎？你有買其他東西配拿鐵吃吧？也許是一份貝果？」

「其實是馬芬。」

「很好，要花多少錢？」

「1.5 美元。」金的朋友回答。「因為我也有買，所以我知道！」

教室裡一片譁然。當笑聲漸歇時，坐在前面的一個男性

回頭問：「一個馬芬怎麼會要 1.5 美元？」

　　金說：「因為是脫脂的。」

　　大家又笑了起來，包括金。

　　與此同時，我轉向黑板寫下：

雙倍脫脂拿鐵	$3.50
脫脂馬芬	$1.50
總計	$5.00

　　「有意思。」我說，同時看著金。「還沒開始工作你已經花了 5 美元。好，繼續。」

　　金似乎有點不高興，她說：「喔，每個人都這樣啊，沒什麼特別的。饒了我吧，我工作那麼辛苦，應該可以犒賞自己一杯咖啡。」

　　我舉起雙手假裝投降。「那不重要，金，繼續，好嗎？你還有做其他事嗎？」

　　金看了我一會兒，然後回到正題。「早上十點我會休息一下，通常是和幾個朋友去喝果汁。」

　　「哦，真的嗎？果汁要多少錢？」

　　「3.95 美元」。

　　金的朋友又說話了。她說：「金，你不是通常會加那種

對腦子好的東西，就是那個『銀色的杏仁』啊？」

「不是『銀色的杏仁』！」金對她厲聲地說：「是銀杏，它證明能增加腦部的供氧量」。

我說：「既然我們知道你腦中含氧，好奇地問，加銀杏要多少？」

「果汁加強版要另外多付 0.5 美元。」金說，仍然怒視她的朋友。

我問：「有買什麼配著喝嗎？」

「有，我通常到十點就餓了，畢竟我只吃了脫脂馬芬。」

「所以你買了什麼？」

「我買了能量棒，花了 1.75 美元。」金雙臂環抱看著我，像是看我敢不敢發表什麼評論。「可以了嗎？」

我點了點頭回到黑板。

雙倍脫脂拿鐵	$3.50
脫脂馬芬	$1.50
果汁	$3.95
果汁加強版	$0.50
能量棒	$1.75
總計	$11.20

　　「所以，金，」我說：「還沒吃午飯，你已經花了 10 幾美元了。說實話，你沒有真的吃到什麼東西呢！」

　　現在教室裡充滿笑聲，包括金和她的朋友。

　　我等笑聲停歇，然後說：「金，我們不必在這把你其他時間的事攤開來看，你待會可以自己做。而且重點不是嘲笑你怎麼用錢。大家都笑了的原因是知道我們用錢的方式和你一樣糟。雖然不想承認，但我們每天都在一點一點地花錢，從來沒想過它們加起來金額有多大。現在，我想給大家看會讓你們很驚訝的事情。」

　　我拿出計算機。「舉個例子，為了方便說明，就在今天，你開始存錢。我並不是要你都不花錢，而是少花一點。你了解你一天可以存下 5 美元，我們可以這麼說嗎？一天只要 5 美元，好嗎？」

　　金點點頭。

　　「你今年……幾歲？」

　　「二十三歲。」

　　「好，比方你在退休帳戶每天放進 5 美元，」我在計算機按了些數字，「等於一個月 150 美元，或一年將近 2,000 美元。年報酬率以 10% 計算，也是過去五十年股市平均報酬率，你認為你到六十五歲可以存多少錢？」

　　金聳肩說：「我不知道，也許 10 萬美元？」

我搖頭。

金開始猜：「20 萬？」

「再猜。」我說。

「50 萬？」

「將近 120 萬美元呢？」

金睜大眼睛看著我。

「實際上那還是比較低的預估數字。」我說：「我記得你是在一家會提撥員工分擔額到 401(k) 計畫的公司上班，對吧？」

金點頭。

「如果你的公司只提撥你投入金額的 50％，你一年可以存到大約 3,000 美元。到你六十五歲時，加起來是⋯⋯」我又按了幾個數字到計算機，「大概 1,742,467 美元！」

到這時，我可以看到金頭上的想像燈泡爆掉了。

「大衛，」她最後說：「你是不是想說我的拿鐵花了我快兩百萬！」

幾乎所有教室內的人（包括金的朋友）都看著她一起大聲喊：「對！」

於是拿鐵因子誕生了。

如果我不喝咖啡呢？

騷動一停下來，在後排的一個男性舉手 ：「但是大衛，我不喝咖啡。我不像她浪費錢在拿鐵上，那太離譜了。」

我點頭，他的反應是可以理解的，但沒抓到重點。「各位，」我向他和其他學生說：「我們這裡說的不只是拿鐵，我不是在找星巴克麻煩，事實上我有時也會去。我們要強調的是，我們不了解自己花多少錢在小東西上，也不知道到底是怎麼花掉的。如果我們仔細思考這一點，改變一下習慣，就可能改變自己的命運。」

有人提出另一個問題：「如果一年的投資報酬率沒有到你幫金計算的 10％呢？」

「沒問題。」我說。「假如你的年報酬只有 6％，你還是能夠存到幾十萬美元。」我在計算機快速輸入數字。「以金的例子，總數是 559,523 美元。關鍵是存小錢可以讓你變有錢，越早開始越好。」

那時早已過了下課時間，而大家仍聚在一起討論。似乎過去四個星期我教他們的東西，真的說到重點的是金早上的咖啡要花多少錢。在我的學生走向車子，聊著他們各自的拿鐵因子時，浮現在我腦海的是拿鐵因子應該是我可以再分享的事。

在我隔週準備新課時，我製作了視覺教材說明拿鐵因子
的力量，並延用至今。概要如下：

每天一杯拿鐵，退休就無解

喝拿鐵一天＝ $3.50

連喝拿鐵一個月＝ $105.00

連喝拿鐵一年＝ $1,260.00

連喝拿鐵十年＝ $12,600.00

人們還浪費錢在什麼東西？香菸？這些小東西可不只是
危及健康，也帶來財務風險。在我住的紐約市，針對香菸所
課的稅重到一包菸超過 7 美元，卻仍然有幾十萬人每天買，
尤其是年輕成人。

每天一包菸……情況還會更糟糕

一天買一包菸＝ $7

連買一個月＝ $210

連買一年＝ $2,520

連買十年＝ $25,200

我可以一直寫下去，但這兩個例子應該已經足夠。再次

要說，我不是故意找咖啡和香菸麻煩。我只是讓你看數字，全都在數學中，而且是基本數學。

　　重點在你是否浪費錢在高級咖啡、瓶裝水、香菸、軟性飲料、糖果棒、速食或其他任何東西——我們都有拿鐵因子。我們都揮霍太多辛苦錢在不必要的「小」花費上，根本沒想過全部加起來數字會有多大。你越快算出你的拿鐵因子，找出不需要的支出，你就能越快開始減少花費。越快行動，你就能省下更多錢。省下越多錢，最後累積的財富就越大。

　　思考一下：

運用拿鐵因子的力量

$5（一杯拿鐵和一個馬芬的平均價格）× 7 天

= $35／週＝約 $150／月。

如果每個月投資 $150 並獲取 10% 年報酬，最後會得到：

1 年＝ $1,885

2 年＝ $3,967

5 年＝ $11,616

10 年＝ $30,727

15 年＝ $62,171

30 年＝ $339,073

40 年＝ $948,611

很有意思，對嗎？現在如果你更進一步：「你知道，我很確定自己每天會浪費 10 美元在我真的不需要的東西上。」結果會如何？

> 如果每天投資 $10（或 $300／月）
>
> 並獲取 10% 年報酬，最後得到：
>
> 1 年＝ $3,770
>
> 2 年＝ $7,934
>
> 5 年＝ $23,231
>
> 10 年＝ $61,453
>
> 15 年＝ $124,341
>
> 30 年＝ $678,146
>
> 40 年＝ $1,897,224

我們再試一次。

如果你在一段穩定的關係、婚姻或同居生活中，你們看到這並說：「聽我說——我們放手做吧。我們一天各自存 10 美元。」會發生什麼事？

> 如果每天投資 20 美元（或 600 美元／月）
> 並獲取 10% 年報酬，最後得到：
> 1 年＝ $7,539
> 2 年＝ $15,868
> 5 年＝ $46,462
> 10 年＝ $122,907
> 15 年＝ $248,682
> 30 年＝ $1,356,293
> 40 年＝ $3,794,448

現在好好消化一下，認真看看這些數字並思考。

你可能從每天的花費中省下 5 到 10 美元嗎？我想你會發現答案是肯定的。記住我們講的都是每天省不到你一小時時薪的錢。

如果你一生要工作約九萬個小時（也是一般人的平均時間），你難道不應該每天為你自己工作一小時嗎？至少你可以想想這件事。

沒有什麼訣竅

　　成為有錢人需要的只是承諾和堅持系統性儲蓄及投資計畫。如果你不是特別有紀律，別擔心。接下來幾章你將學到如何「自動」制定自己的計畫，就像麥肯泰爾夫婦那樣。現在我只要你專注在你不必擁有或賺很多錢這個事實上。你下定決心你值得變有錢就行了。你只需要對自己說：「你知道嗎？我應該享有財務自由，其他人可以，為什麼我不行？為什麼不現在就開始？」

對，可是……

　　什麼是「對，可是……」？那是一般人合理化目前生活狀況時總是會出現的行為。有趣（也可悲）的是，把「對，可是……」掛在嘴邊的人往往很努力嘗試改善自己的情況，卻因為「對，可是……」心態而錯失了答案。

　　要如何知道自己是不是「對，可是……」心態的人？如果你馬上對自己說出下面列出的句子，那你大概是其中一員：

　　對，可是……我的錢永遠沒辦法賺到 10% 報酬。

　　錯。我會和你分享如何長期做到這點，請繼續讀下去。

對，可是……因為通膨和各種原因，三十年內 100 萬就不太值錢了。

錯，價值高過你的想像，當然也遠超過什麼都沒有，如果你不從現在開始存錢，一切都是零。

對，可是……真的沒有存小錢投資的方式，你需要更多錢才能投資。

錯，如今每天一美元就可以建立自動投資計畫，請繼續讀下去。

對，可是……我確實了解我沒有浪費一分錢，而我真的沒辦法存到你說的那種錢。

哦，拜託。打一下自己的頭（輕輕地），繼續讀下去，你說的並不對。

真希望我早點看到這個

給你看最後一張圖表，然後我們要開始探討如何讓拿鐵因子為你運作。這張表是我見過最具影響力的存錢動機。說真的，但願有人在我高中時就給我看。如果你年紀稍長，請分享給你愛的年輕人，你可能永遠改變他或她的生命。

這張表顯示的是每年投入 3,000 美元到退休帳戶，然後

比利 15 歲開始投資 （10% 年報酬）			蘇珊 19 歲開始投資 （10% 年報酬）			金 27 歲開始投資 （10% 年報酬）		
年齡	投資 $3K/ 年	價值	年齡	投資 $3K/ 年	價值	年齡	投資 $3K/ 年	價值
15	$3,000	$3,300.00	15			15		
16	$3,000	$6,930.00	16			16		
17	$3,000	$10,923.00	17			17		
18	$3,000	$15,315.30	18			18		
19	$3,000	$20,146.83	19	$3,000	$3,300.00	19		
20		$22,161.51	20	$3,000	$6,930.00	20		
21		$24,377.66	21	$3,000	$10,923.00	21		
22		$26,815.43	22	$3,000	$15,315.30	22		
23		$29,496.97	23	$3,000	$20,146.83	23		
24		$32,446.67	24	$3,000	$25,461.51	24		
25		$35,691.34	25	$3,000	$31,307.66	25		
26		$39,260.47	26	$3,000	$37,738.43	26		
27		$43,186.52	27		$41,512.27	27	$3,000	$3,300.00
28		$47,505.17	28		$45,663.50	28	$3,000	$6,930.00
29		$52,255.69	29		$50,229.85	29	$3,000	$10,923.00
30		$57,481.26	30		$55,252.84	30	$3,000	$15,315.30
31		$63,229.38	31		$60,778.12	31	$3,000	$20,146.83
32		$69,552.32	32		$66,855.93	32	$3,000	$25,461.51
33		$76,507.55	33		$73,541.53	33	$3,000	$31,307.66
34		$84,158.31	34		$80,895.68	34	$3,000	$37,738.43
35		$92,574.14	35		$88,985.25	35	$3,000	$44,812.27
36		$101,831.55	36		$97,883.77	36	$3,000	$52,593.50
37		$112,014.71	37		$107,672.15	37	$3,000	$61,152.85
38		$123,216.18	38		$118,439.36	38	$3,000	$70,568.14
39		$135,537.80	39		$130,283.30	39	$3,000	$80,924.95
40		$149,091.58	40		$143,311.63	40	$3,000	$92,317.45
41		$164,000.74	41		$157,642.79	41	$3,000	$104,849.19
42		$180,400.81	42		$173,407.07	42	$3,000	$118,634.11
43		$198,440.89	43		$190,747.78	43	$3,000	$133,797.52
44		$218,284.98	44		$209,822.55	44	$3,000	$150,477.27
45		$240,113.48	45		$230,804.81	45	$3,000	$168,825.00
46		$264,124.82	46		$253,885.29	46	$3,000	$189,007.50
47		$290,537.31	47		$279,273.82	47	$3,000	$211,208.25
48		$319,591.04	48		$307,201.20	48	$3,000	$235,629.07
49		$351,550.14	49		$337,921.32	49	$3,000	$262,491.98
50		$386,705.16	50		$371,713.45	50	$3,000	$292,041.18
51		$425,375.67	51		$408,884.80	51	$3,000	$324,545.30
52		$467,913.24	52		$449,773.28	52	$3,000	$360,299.83
53		$514,704.56	53		$494,750.61	53	$3,000	$399,629.81
54		$566,175.02	54		$544,225.67	54	$3,000	$442,892.79
55		$622,792.52	55		$598,648.24	55	$3,000	$490,482.07
56		$685,071.77	56		$658,513.06	56	$3,000	$542,830.27
57		$753,578.95	57		$724,364.36	57	$3,000	$600,413.30
58		$828,936.84	58		$796,800.80	58	$3,000	$663,754.63
59		$911,830.53	59		$876,480.88	59	$3,000	$733,430.10
60		$1,003,013.58	60		$964,128.97	60	$3,000	$810,073.11
61		$1,103,314.94	61		$1,060,541.87	61	$3,000	$894,380.42
62		$1,213,646.43	62		$1,166,596.05	62	$3,000	$987,118.46
63		$1,335,011.08	63		$1,283,255.66	63	$3,000	$1,089,130.30
64		$1,468,512.18	64		$1,411,581.22	64	$3,000	$1,201,343.33
65		$1,615,363.40	65		$1,552,739.35	65	$3,000	$1,324,777.67

所有投資產品的報酬率有上下波動，投資報酬和本金價值不固定，你的投資價值可能多於或少於初始投資金額。
比利投資額比金少 **$102,000**，獲利則多出 **$290,585.73**！
早點開始投資吧！

讓複利展現其神奇的力量。下一章我會解釋退休帳戶。現在看一下這些數字，確切地說，就算你投入的金額相對較少，最終還是能累積可觀的數目。我在「富足退休」研討會展示它時，大家經常倒抽一口氣：「如果早知道有多好。」嗯，現在你知道了！複利的奇蹟是自動致富的強大工具。

找出你的拿鐵因子

你可以想想和猜測自己的拿鐵因子，或是記下實際支出並得到確切的數字。兩種方法都有用，不過後者會更好。

想要知道你的拿鐵因子，請利用下一頁的拿鐵因子挑戰表格追蹤你一天的花費。明天不論到何處都帶著這本書，記下一整天花的每一分錢。

這看起來不需要花太大功夫，但多年來我一直和學生、讀者及客戶分享此概念，我可以告訴在你實際行動時，這個簡單的練習可以改變一生。你會很震驚地發現你在一天內花了多少錢在什麼東西上。以具體、清楚的數字寫下來，會帶動你改變平常不會變動的消費方式。

另一個好處是，你可能會發現接受這個小小的挑戰很有趣，那天大家或許會問你在做什麼，你的回答可能會激發

拿鐵因子挑戰

第＿＿＿＿天　　　日期＿＿＿＿＿＿＿＿

項目：買下的東西	成本：花費	浪費錢（是請打∨）
1		
2		
3		
4		
5		
6		
7		
8		
9		
10		
11		
12		
13		
14		
15		

我的總拿鐵因子：（打∨項目總成本）

=

拿鐵因子算法

我一天的拿鐵因子＝＿＿＿＿＿＿

我一個月的拿鐵因子＝＿＿＿＿＿＿　　　（拿鐵因子 ×30）

我一年的拿鐵因子＝＿＿＿＿＿＿　　　（拿鐵因子 ×365）

我十年的拿鐵因子＝＿＿＿＿＿＿　　　（拿鐵因子 ×3650）

如果我投資我的拿鐵因子

10 年，其價值為：＿＿＿＿＿＿＿＿＿＿＿

20 年，其價值為：＿＿＿＿＿＿＿＿＿＿＿

30 年，其價值為：＿＿＿＿＿＿＿＿＿＿＿

40 年，其價值為：＿＿＿＿＿＿＿＿＿＿＿

計算你的拿鐵因子

請到 davidbach.com/latte-factor-backup 網站計算數字。

大家交談，最終幫助其他人成為自動千萬富翁。這不是很棒嗎！畢竟，自己有錢不如和朋友一起有錢。

自動追蹤和投資你的拿鐵因子！

　　我要你先利用傳統方式做拿鐵因子挑戰，在紙上寫下錢的去向（你可利用 72 頁的表格）。這是我知道著手開始的最佳方法。因為有了表格，記錄也變得容易，所以我也要你運用科技長期追蹤你的支出。現在有許多網站讓你能馬上追蹤你的一切開銷。我最喜歡的是 Mint.com。他們把追蹤和顯示你的所有金錢流向變得十分簡單，幾分鐘內就可以搞定一切。這類的事從來沒有那麼簡單就能辦到，因此有幾百萬人（包括我）會利用像 Mint.com 這樣的網站（編註：台灣讀者可以下載有追蹤花費功能的記帳 app）。

　　另一個我建議可以看的網站是 Acorns.com，這家公司開發出一個可激勵你每次買東西時自動存錢的 app。做法是將購物金額調為整數，再將多出的錢投資在你選擇的低成本指數股票型基金（ETF）投資組合。多年來有人常問我自動存下拿鐵因子的方式，我認為 Acorns.com 可能是解答。（詳情請見其網站或 app）。該公司在十八個月內即有七十多萬人

註冊登記，用戶每月平均存下 50 美元——再次證明你不用賺或存很多錢才能開始。

常見問題回答

在我們繼續下去之前，我要回答幾個這些年來有關拿鐵因子挑戰最常見的問題。

有一個最常問的問題是（我發誓這是真的）：

大衛，追蹤我的支出時應該包含用現金買的東西嗎？

答案：對。

用信用卡和支票呢？對。

過路費呢？對，對，對。

你追蹤所有支出，所有就是全部。

每樣都記？那樣是不是太蠢了

幾年前，我在全國廣播節目說明七天版的拿鐵因子挑戰，主持人告訴我那是他聽過最蠢的點子，他確切的說法是：「哦，拜託，那樣太蠢了。」

考慮到這是知名的廣播節目，有廣大的聽眾，他輕蔑的話令我有點不高興。「得了吧。」我跟他說。「什麼地方蠢？」

事實上他在嘲笑我。「哦，大衛，」他說：「那很可愛，僅此而已。但實際點，追蹤支出七天？想想你的拿鐵因子？饒了我吧。我的聽眾要的是實際具體的概念，不是愚蠢的花招。」

現在我有點生氣了。我說：「你要實際的東西？那這樣如何？你實際試試我愚蠢的點子？你追蹤支出七天，一週內回電給我，在節目現場告訴我你是否還認為那很蠢。你認真執行，我賭一百美元它會改變你的生命。」

主持人笑著看著我說：「一言為定。」

結果一週後他沒有打給我，所以我打給他。他有點驚訝接到我的電話，但沒忘記我是誰和我們下的賭注。他怯懦地承認做了我的拿鐵因子挑戰，他說那讓他覺得厭惡。你看，這位全國廣播界名人自稱無所不知，為了聽眾要求具體的投資點子，他告訴我追蹤支出一週後，發現光是外食一天就花了 50 美元（對於難以置信的人，要了解他住在曼哈頓，而在紐約市很容易就花到那麼多錢）。

但真正令他震驚的是算出的數字。了解到他一週上餐廳的費用就超過 350 美元後，他開始做基本的算術。「你知道這表示什麼嗎？」他跟我說：「就是我花超過 16,800 美元外

食。你知道我的存款不到 20,000 美元嗎？我四十多歲，而我將近十年沒有放一分錢到我的 401(k) 計畫，我認為自己負擔不起。我十年來的年薪在 10 萬美元以上，卻一事無成。」

　　他接著告訴我接受挑戰後了解的事，他重新提撥資金到 401(k) 計畫，拿鐵因子對他產生了決定性的影響。我可愛的點子奏效了。但出於某種理由，他再也沒邀我上節目。

也許並沒那麼蠢？

　　看到這裡，我希望你受到激勵。現在我們來看看找到拿鐵因子並掌握支出後你可以做什麼。你的未來將永遠改變。

　　首先，讓我說恭喜你讀到這裡，你在這本有關錢的書看的頁數已經多過大部分人一生讀的分量。太棒啦！

採取行動

　　從這裡開始，每一章結尾都有一系列自動理財法行動步驟，總結你剛才讀的內容並鼓勵你立即採取有力的行動。記得，激勵措施若未加以利用就只是娛樂而已。要得到新結果，

你要有新行動。為了成為自動千萬富翁，你要按照所學採取行動。想得到你要的財務未來唯一的方式就是現在開始創造它！

自動理財法行動步驟

複習本章列出的行動，現在應該採取的行動如下，完成每個步驟後就打勾。

☐ 了解重要的不是你賺多少，而是你花了多少。

☐ 做拿鐵因子挑戰，只要一天，不論到何處請帶這本書並利用 72 頁的表格追蹤所有支出。

☐ 現在就下定決心從今天起減少花費並開始存錢。

☐ 研究 65 至 67 頁的圖表並利用 davidbach.com/latte-factor-backup 的拿鐵因子計算機，幾秒內就能了解一天省下多少錢能改變你的生命。

第 3 章

學習先付錢給自己

如果拿鐵因子讓你知道自己賺的錢已經足夠開始累積實際的財富，本章會繼續推動你前進。為什麼？因為我們現在要做的，就是一勞永逸地擺脫那令人厭煩的東西：預算。

我知道你在想什麼。

「拿鐵因子的整個重點不是追蹤我花多少錢，才可以找出支出能減少的地方嗎？難道不是要有預算嗎？」

不是，拿鐵因子的重點不是說服你做預算，而是使你了解自己早就賺到夠多的錢，可以開始存錢和投資了。更棒的是，你的收入已經足以成為有錢人。

是時候拋開預算了

既然你知道幾乎任何人都有足夠收入可成為自動千萬富翁（你了解，對吧？）接著就要處理下一個阻礙大部分人累積實際財富的重大誤解：相信解決問題的答案是做預算。

為何有那麼多人認為我們需要做預算？因為其他人這麼告訴我們。也許有人跟你說：「為自己做預算，一切就OK。」不過，這是誰說的？你的父母？老師？配偶？財務專家？我確信這麼建議你的人都是出於好意，但他們有錢嗎？他們快樂和風趣嗎？他們自己的預算成功嗎？我很懷疑。

很少人生來就會做預算

　　事實上，很少人生來就會做預算，而且說真的，如果我們天生是預算家，無可避免地會愛上天生的購物家！我們的預算就因此直接扔出窗外，再見了，預算。如果這正是你的寫照，別擔心，十分正常。我碰過的每對夫妻都是這樣。

　　如果你愛做預算卻不湊巧地和購物家成了夫妻，不論你們多愛彼此，你們會為了錢爭吵。麥肯泰爾夫婦為預算吵架，我和太太在新婚時也一樣。所以這裡的寓意是什麼？在於……

想要變有錢，有比做預算更好的方式

　　預算實際上行不通有個非常簡單的理由。

　　那就是很無趣。

　　由於無趣，所以很難堅持下去。想想看，預算歸結下來是要你為了未來的美好而在財務上節衣縮食。這當然是負責任的概念，但就策略來說，違反人性。更糟的是它違背每天轟炸你、慫恿你花掉賺來的每一分錢的三千則行銷訊息。

　　我經常聽到所謂的專家說出諸如此類的話：「你需要為

娛樂、外食、衣服、房子、旅行、食物……做實際預算。」這很不切實際，就像告訴大家減重的方式是追蹤吃下的每一口食物並計算卡路里。

有多少你認識在節食的人，他們執著於計算卡路里，記錄所有吃下的脂肪公克數（還有自己吃下的所有東西），但現在似乎比以前還重呢？事實上這類節食一般都沒有用。為什麼？因為大多數人討厭算卡路里，討厭虐待自己。

同樣的事也發生在做財務節食的人。他們會追蹤花的每一分錢，然後有一天他們再也忍受不了，就去大買特買了。這無法說服人，任何想控制你正常人性衝動的系統終將遭遇失敗。

這是因為人類不想被控制，卻想要掌控權。

這有很大的差異，相信我的話，在有關錢的事情上，你應該控制它。你不應該讓它控制你，所以把那些惱人的預算丟到垃圾桶去。如果你真的要做支出預算，那是你的事，但我認為那是浪費時間和功夫。我要和你分享的是一個讓你永遠不再擔心預算的系統，麥肯泰爾夫婦和我認識的每個自動千萬富翁都用這系統致富，而且幾乎不費功夫。

我想問你的問題是，你準備好了嗎？

只要做這件事，你一定會有錢

基本上，我不是誇大，也不是騙你，如果你想變有錢，你只要下定決心做大多數人不做的事，**就是先付錢給你自己。**

大部分人賺到一塊時是先付錢給其他人，他們付錢給房東、信用卡公司、電信公司、政府等等。他們認為需要預算的原因是幫助他們算出月底、每年或整個職業生涯要付給其他人多少錢，然後他們才把「剩餘」的錢付給自己，這樣絕對、肯定是財務上的倒退。

由於這系統沒有用，美國人因此嘗試以很奇怪的方式致富。歸結下來，基本上有六個方式可以在美國致富，你可以：中樂透、結婚、繼承、打官司、做預算，或是先付錢給自己。

讓我們快速地檢視每個方法。

中樂透：你猜得到美國一般勤奮工作的人最常用什麼方法嘗試致富嗎？他們玩樂透。自 1964 年新罕布夏州首次推出樂透以來（之後有三十七個州、哥倫比亞特區、波多黎各和美屬維京群島加入），美國人已經投入一兆多美元買樂透彩券。事實上，從我們出版至今，美國已賣出 5,000 多億美元彩券，光是去年就估計達 700 億美元！很瘋狂，對吧？你能想像如果這些錢投資在退休帳戶會如何嗎？現在我來問你

其他問題。你中過樂透嗎？你知道有其他人中過嗎？那個人有和你分享彩金嗎？一點也沒錯，別再想了。

結婚：到目前為止這部分進展如何？有句諺語說嫁個有錢人跟嫁給窮人一樣容易。真的嗎？真相是為錢結婚的人通常餘生都要付出代價。所以也跳過這項，除非你真的愛上剛好有錢的人。

繼承：這顯然不值得考慮，除非你父母有錢。即使他們有錢，當你在假日拜訪並問候他們，然後在他們說「我很好」時想著「很可惜」，這不是有點病態嗎？

打官司：現在這是很大的市場，全世界超過四分之三的律師在美國執業，94％以上的官司在美國打。似乎有些人覺得與其賺錢、存錢及投資，更好的策略是找到目標、大告特告、狂削一筆。不論如何，它都不是能累積財富的可靠系統。

做預算：你可以抑制物欲、自備午餐、剪折價券、追蹤每一分支出，從未有樂趣，延後三十年享樂，期望有天你可以退休開始享受生活。噴！聽來很糟，難怪這很少有效果。

剩下一個經過證明又容易的致富方式，那就是……

先付錢給自己

　　你可能已經聽過這句話了，你應該**先付錢給自己**的概念不是原創的，當然也不是最新的。我教了很多年，並且在我開始時就流傳許久。通常我會問學生是否聽過先付錢給自己的概念。幾乎我教的每個班或研討會，不論有五個人或五千人，超過 90％的人會舉手（另外 10％大概也聽過，但他們是不管我問什麼都不舉手的那種人）。

　　但是，聽過這個概念不表示你正在實踐它。在我詳細解釋先付錢給自己的意義與如何運用它之前，我要你回答下面的問題，看你是否知道答案，更重要的是，看你是否正在實踐你知道的概念。

你真的知道「先付錢給自己」的意義嗎？

- 你知道你應該先付多少錢給自己嗎？
- 你知道你先付給自己的錢要放哪嗎？
- 你是否實際進行？
- 你的先付錢給自己計畫有自動化嗎？

　　根據大家回答這些問題的方式，我可以馬上辨別出他們是否有實際的計畫致富，真相是大部分人都沒有。

　　所以你做的結果是？你先付錢給自己嗎？你知道你先付錢給自己的比例嗎？你的錢放對了地方嗎？你的先付錢給自己計畫有自動化到你不必做預算、開支票，甚至想到它的時候才去存錢嗎？

　　如果所有問題你都可以明確地回答「是」，恭喜你，你真的很棒，為了達到財務自由比大部分人還努力。請繼續讀下去，因為這本書收錄能被像你這樣的行動派活用的觀念，有助你升級到下個層次。

　　另一方面，如果部分或全部的答案是「否」，別痛打自己，你很正常。**大多數不先付錢給自己的人也沒有自動投資計畫。**大部分人只是希望有錢，但希望永遠無法成真。當然，這些人可能意外變有錢，可能中樂透，或被公車撞然後告市政府得到幾百萬。但這不在計畫之內。而你需要計畫。因此如果你無法肯定地回答所有問題，本書其他章節會告訴你如何正確進行。

「先付錢給自己」的意義

　　先付錢給自己就如字面上的意思，你每賺一塊錢，付錢的第一個對象都是自己。大部分美國人不是這麼做，他們每賺 1 美元，都先付錢給山姆大叔。他們每賺 1 美元，在收到支票前，就要付給美國政府 27 美分的聯邦所得預扣稅（常常更多）。接著，看他們住在哪個州，可能平均要再付 5 美分州所得稅。另外還有社會安全稅、醫療保險和失業金等。最終，他們辛苦賺的 1 美元要先付政府多達 30 或 40 美分。似乎除了賺取薪資的人以外大家都收到錢了。

事情不一定是這樣

　　政府不是一直都在你收到支票前就先拿走你一筆錢。直到 1943 年，大家都是賺多少拿多少，隔年春天才繳所得稅。由政府的角度來看，該制度有個問題。政府無法信賴民眾會先準備好足夠的錢於隔年春天繳所得稅。

　　稍微想一下，政府很聰明，多年前想到民眾無法做預算，所以建立制度確定它「先收到錢」。政府不只是安排自己先收到錢，它還將程序自動化，所以不會遺漏任何人。它想到

極其簡單的方式確保能一直收到錢，大家沒有藉口推託。（編註：台灣稅制不同於美國，到達某金額才需要按月提前扣繳，其中又需依據有無配偶、扶養人數比對後才能算出薪資扣繳門檻）。

　　這件事很重要，重要到我要你再讀一次前面兩段，仔細想想其中意涵。如果你照做了，這本書其他部分就很容易，因為你要做的正是政府想到讓現金源源流入的辦法。它根據民眾的本性，建立了對一般人總是很有效的制度。這實際上是很聰明的。現在，你需要加以仿效。**你要建立保證你收到錢的系統，而且這個系統得讓你自動先付錢給自己。**

　　好消息是你做得到，而且很容易。

別先付錢給政府

　　如果有合法管道可以避免，你究竟為何會讓政府先拿到你的薪資？記得，你賺的每 1 塊錢山姆大叔都拿到約 30 美分，而你只有 70 美分可以花在其他東西上，包括退休儲蓄和投資。講難聽一點，不論我是否碰過，這都是所得縮水。

　　這是許多人無法收支平衡的原因。舉例來說，你的年薪是 5 萬美元。（這比一般人賺得多一些，但就用它當基礎，讓算法簡單點），既然你先付錢給政府，你不是真的賺到 5

萬美元，你實際上拿到的是 5 萬美元的 70％或 3.5 萬美元。那是你付帳單和累積存款的所有錢。不是很多，對吧？難怪有那麼多人認為他們需要做預算。

祕密在你的錢流動的方式

你有合法避開美國聯邦政府和州政府對你的收入課稅的權利。關鍵字是「合法」，你可以合法地先付錢給自己，而不是政府，只要利用稅前退休帳戶，它有許多類型，名稱有 401(k) 或 403(b) 退休計畫、個人退休金帳戶（IRAs）和簡易員工個人退休金帳戶（SEP IRAs），我們稍後會詳細說明。（編註：台灣的退休金制度有勞工保險、勞工退休金，以及國民年金保險）。

我應該先付自己多少錢？

有關先付錢給自己最常見的問題是：「付多少？」
答案很簡單，但為了使它更明確，讓我來說個故事。

你工作的對象正在家等你

　　沒多久以前我在開車返家路上，看到告示牌顯示「你工作的對象正在家等你」，一開始我笑了，然後陷入沈思。

　　除了我們的雇主要我們相信的事，大部分人每天早上去工作不是為了公司的使命，甚至不是服務客戶，最終是為自己。歸結到此，我們工作的目的是為了自己和我們的家庭，保護我們愛的人，其他都是次要，最優先的是我們自己。

　　但真的如此嗎？真相是我們接受的教育並不是要將自己放在第一位，而是要舉止合宜、樂於分享和幫助他人。

　　我相信這些都是很棒的價值觀。但我也相信其他事：天助自助。我認為這其中有永恆不變的真理。所以在我開始展開財務計畫前，讓我們聚焦在這些問題：我們是否幫助自己？你在幫助自己嗎？你真的為自己工作嗎？我不是問你是不是自雇者，而是你每天早上出門是否真的為自己和你家庭的利益工作。

你上週工作幾小時？

　　算一下，填寫下面的空格，了解你實際上為誰工作。

上星期我總共工作＿＿＿小時。

我每小時賺＿＿＿美元（稅前）。

上星期我存了＿＿＿美元在退休帳戶。

因此上星期我為自己工作了＿＿＿小時。

最後一句有讓你遲疑嗎？你是否會問自己：「上星期我為自己工作了幾小時是什麼意思？」

事實上很簡單，要算出上星期你為自己工作了幾小時，你要先問自己上週存了多少錢。如果答案是零，那上週你為自己工作了零小時。

然而如果上週你存了錢，那將放在退休帳戶的錢除以每小時收入。例如，如果你的繳稅前收入（也稱為「稅前收入」或「總收入」）每小時平均 25 美元，而你上週存了 50 美元，50 除以 25 等於 2，表示上週你為自己工作兩小時。

透過上述表格得出的答案，會告訴你可以預期什麼樣的未來。我的經驗是大部分人每週為自己工作不到一小時，那當然是很低的水準。再看看每年賺 5 萬美元的人。

一年賺 5 萬美元的人

一週約賺 1,000 美元（假期算兩週）

或每小時約 25 美元（每週工作 40 小時）

所以他或她每週應該存多少錢？

如我們已經看到的（還有麥肯泰爾夫婦的經驗）顯示，不錯的儲蓄指標是總收入的 10％到 15％。為了簡化一切，取中間值的 12.5％。1,000 美元的 12.5％是 125 美元，表示如果你每週總收入是 1,000 美元，你每週應該存 125 美元。若每週工作五天，每天為 25 美元。換句話說，你每天應該存到相當於一小時收入的金額。

遺憾的是，大多數人甚至沒辦法存到那麼多錢。根據美國商務部（U.S. Department of Commerce）的數據，一般美國人的儲蓄率遠低於收入的 5％。也就是說大部分人每天為自己工作不到二十二分鐘；而五位勞工中有一位為自己工作的時間為零——完全沒存錢。

你可以為自己的未來工作

　　這真的很辛酸。為什麼你起床、離家、醒著的大部分時間都在為別人打工，而且每天沒有為自己工作至少一小時？你不應該如此。現在就開始改變，希望你不再重蹈覆轍。

　　我剛才的說明應該會讓你好好思考，甚至可能使你懊惱。你現在大概想：「這實在是太誇張了，我應該為自己工作更多時間，為什麼每天不為自己工作一小時呢？為什麼不為自己工作一個半小時呢？為什麼不是一天兩小時呢？」

　　大多數財務規劃和教育的問題是著重在數字而不是大家的生活，與其只思考收入的比重，不如想想你生活的時數。今年有幾小時你是規劃為自己工作，而不是為你的雇主、政府、信用卡公司、銀行和其他要得到你部分收入的人呢？你認為這星期有幾小時是用在未來的？今天呢？**今天你想花幾小時為自己的未來工作呢？**

　　在我看來，每天花一個小時就能換取美好的未來，這個要求真的不算什麼。如果你現在連這種程度的收入都沒有存到，你就是太拚命為其他人工作，卻沒有考慮到自己，你值得更好的未來。

所以讓我們開始吧

　　我的建議很簡單，從今天開始，你每天至少應該為自己工作一小時，這意味著你應該為你的未來先付錢給自己，將總收入的至少 10％放在我們稱為稅前退休帳戶的地方。以下是我們要做的事（下一章會談到如何做的細節）。

- 決心為你的未來先付錢給自己。
- 開立退休帳戶。
- 將總收入的 10％放進帳戶。
- **將程序自動化。**

自動千萬富翁的承諾

　　我＿＿＿＿＿＿＿＿＿（寫上名字），在此承諾我自己，本週開始我每天至少為自己工作一小時，因為我值得。

　　因此，我承諾從＿＿＿＿＿日起（寫日期）我會開始先付總收入的＿＿＿＿＿％給自己。

　　簽名：＿＿＿＿＿＿＿＿＿

　　你可以再花點時間想想，或是現在下決定實行，確保你採取行動的方式如下。由多年在研討會和我的讀者會面的第

一手經驗中，我了解寫下目標和計畫的人一般都比沒有的人完成更多事。把這件事放在心上，請找枝筆寫下對自己的承諾。現在就做，此時此刻，馬上。

沒有陷阱

舉例來說，明天你開始將稅前總收入的 10% 自動由薪資轉入稅前退休帳戶（別擔心要怎麼做，我們很快就會提到）。藉由簡單而自動的程序，你最後累積的財富會比 90% 的人口還多。沒錯，先付錢給自己能幫助你累積到龐大的財富。

陷阱在哪裡？對某些人來說，是少花了那 10%。但真的有那麼難嗎？回想拿鐵因子，再舉一年賺 5 萬美元的例子，如果那是你的年薪，而在付給政府之前你存下薪資的 10%，到年底你會存 5,000 美元。

如果一整年你都沒存錢，而是等到十二月才要拿出這麼一筆錢，5 萬美元憑空出現的機會有多大呢？幾乎不可能。但當你先付錢給自己，你不必等待。在你看到錢時，有 10% 已經由薪資自動轉出為你投資。你不能花掉你沒有的錢，對吧？

那麼，如果日復一日這麼做，你的成本會是多少？讓我

們算一下，年薪 5 萬美元大約等於一個月 4,200 美元，每兩週 2,000 多美元，因此要存下 10％，你必須每兩週存 200 美元，或一天 14 美元。

現在來算一下如果你沒先付錢給自己，你的成本會是多少。若是每兩週只投資 200 美元在退休帳戶，持續三十五年，年報酬率 10％，結果會是多少？答案是你會擁有 100 多萬美元，事實上還會更多。

正確數字是 1,678,293.78 美元。

如果你不先付錢給自己，代價就是那麼大。

為什麼自動化存錢不痛苦

有的人讀到這會說：「每天存下 14 美元！他是傻子嗎？我不可能每天存 14 美元啊。」

如果你是其中一人，別擔心。這是很正常的反應，繼續看下去。下一章，你會發現要存 14 美元事實上很容易，比你想的輕鬆許多。對於缺乏耐心的人，可以先看看說明：如果你把錢放到稅前退休帳戶（後面幾頁會說明），每天存 14 美元實際上只會減少你每天可支出收入約 10 美元。別煩惱這是否不太合理，下一章會詳細解釋。

先付錢給自己的方程式

　　過去幾年，我收到一大堆電郵訊息，詢問先付錢給自己的方程式，他們會問：「10％夠嗎？」「我聽說我應該存12％？如果更多呢？如果存我收入的15％，結果會如何？」

　　這是我目前用的方程式，每個人的生活都不同，但應該能夠提供你可努力或規劃的指標。

　　你如果是……

- **完全破產**：不先付錢給自己。入不敷出，用信用卡借錢，承擔你付不完的卡債。

- **窮人**：考慮先付錢給自己，但不實際行動。每個月花掉賺來的所有錢，存不到錢。持續告訴自己：「有一天我會……」

- **中產階級**：先付總收入的 5 ～ 10％給自己。

- **中上階級**：先付總收入的 10 ～ 15％給自己。

- **有錢人**：先付總收入的 15 ～ 20％給自己。

- **有錢到可提早退休的人**：至少先付總收入的 20％給自己。

　　老實說，不是每個人都會被先付錢給自己的想法吸引，而他們應該知道這概念。事實上，很多人會生氣，你可能也在其中。現在你的腦袋大概裝滿了無法先付錢給自己的理

由，想著：「我需要更詳細的東西，致富的祕密在哪裡？能讓我過好日子的股票或共同基金投資在哪裡？我要如何投資好獲取 10% 的年報酬率？那樣的時光過去了嗎？如何不必頭期款就能買不動產？我需要的是這類的建議。」

請相信我，在你決定先付錢給自己前，沒有任何東西能幫助你致富，完全沒有。你可以讀遍每一本書、聽過每一種課程、訂購每一項激勵人心的產品、訂閱每一篇商業通訊，但是只要你讓政府和其他人先你一步拿到錢，上述一切都沒辦法真正幫助你。**建立財富的基礎是先付錢給自己。**

在 94 頁，你已經承諾要先付錢給自己，現在你必須決定兩件事。

一、你如何做？

二、你要把錢放在哪？

下一章將專注在回答那些問題上，所以出發吧。你的想法已經改變，來看看你改變行動的方式，你準備好成為自動千萬富翁了。

自動理財法行動步驟

如果你只能從本書得到一個訊息，那應該是：**持續創造財務轉變的祕密是決定先付錢給自己，並使程序自動化。**如果你只做這兩件事，你永遠都不必再擔心錢的事了。

聽來很簡單嗎？因為確實很簡單。

複習本章列出的步驟，想要成為自動千萬富翁，你現在應該做的事如下。（再次提醒，做到每個步驟時請打勾。）

☐　忘掉預算。

☐　忘掉快速致富的計畫。

☐　承諾先付錢給自己。

☐　決定你是要當窮人、中產階級還是有錢人，然後先付適當比例的錢給自己。

現在翻到下一頁，了解如何讓財務自動化。

第4章

自動理財

也許你已經聽過這些內容，也知道不先付錢給自己的代價。過去，知道這些並未改變你的生活，那現在又會有什麼不同呢？差別就在如今你可以自由掌控，讓財務自動化。

這沒有什麼特別的，為了讓先付錢給自己發揮作用，程序必須要自動化。不論你要如何處理付給自己的錢，放在退休帳戶、存下緊急預備金、投資在大學基金、存下來買房子、償還房貸或卡債，你都需要一套不必有預算和紀律的系統。

依照我多年來的經驗，我可以告訴你唯一有用的方法是善用自動化的計畫。客戶總是說：「大衛，我超有紀律，我每個月都會開支票寄給你投資。」但是這不會長久。大部分人能堅持先付錢給自己三個月，有些人到六個月。九年內我只有一個客戶足夠紀律，堅持每個月親自開支票。

自動千萬富翁是怎麼做的

麥肯泰爾夫婦建立先付錢給自己的系統而成為自動千萬富翁，系統自動安排每個月存下 10% 以上的收入，持續三十多年。一開始他們只付自己收入的 4%，然後升至 5%。經過一年，增加到 7%，花了四年到 10%。過了幾年，他們決定全面實行，因此拉到 15%。

　　這一切之所以可行，是因為他們從未自己開支票，他們的計畫是自動進行的，不必有紀律，甚至不用花太多腦筋。事實上，他們需要做的只有決定先付多少錢給自己，只要做一次，接下來就都自動化了。

　　和麥肯泰爾夫婦一樣，我也是逐步開始的。我第一次聽到這個觀念的時候，也和大多數人一樣嘗試做預算，虧待自己，結果還是失敗了，然後到年底才匆忙找錢放在退休和存款帳戶，卻發現又虛度了一年，財務上沒有任何進展。

　　我實際上是由收入的 1％ 開始。我大約二十五歲，想確定它執行起來不會太痛苦。在三個月內，我了解 1％ 很容易，因此升到 3％。後來我遇見了麥肯泰爾夫婦，我告訴自己：「真是夠了，我要趁年輕開始，最後要變有錢。」

　　在會面後，我打了通電話把比重增加到 10％。一年後，再調高至 15％。現在我太太和我各付自己總收入的 20％。這可能聽來很多，但因為我是花了十五年逐漸調升，所以這成了「新常態」。

　　我分享自己的故事不是為了自誇，而是如果你現在不先付錢給自己，大概是因為你以為自己無法負擔，而我知道那種感覺。我曾經也這麼覺得，但我個人的經驗是一旦你決心先付錢給自己，接著把程序自動化，一切就完成了。在前三個月，你會完全忘了這件事，你會很驚訝可以不費力地學

著以較少的花費過生活。在你進行的過程中會更容易，為什麼？因為在你意識到以前，你就已經存幾萬塊了。背後的道理很簡單：你無法花掉口袋裡沒有的錢。

所以即使你認為現在頂多只能存下總收入的 1％ 也沒問題，放手開始做。這一小步將改變你的習慣並使儲蓄自動化，讓你邁向富足退休的道路。

你的最優先事項：為自己買下安全的未來

我知道到目前為止你受到激勵要行動，找到自己的拿鐵因子，算出目前每週你為自己工作的時數，而你也寫下承諾每天至少為自己工作一小時。是時候獲得你想要的富足未來了，所以開始行動吧。

要怎麼獲得安全的財務未來呢？很簡單，買下它。你今天決定再也不要在財務上依賴政府、你的雇主甚至你的家庭以享有沒有壓力的退休生活，你將成為那些不論何時何地都能隨心所欲的人。

實現它的方式為承諾投資決定先付給自己的錢在你的未來。為了未來先付錢給自己是最優先事項，要建立系統，自動將錢轉至個人退休帳戶。接下來幾頁，我會說明如何做。

如果你有進行中的退休計畫，好好利用它！

　　如果你是員工，我有好消息帶給你：接下來的內容對你來說可能非常容易。因為美國有幾十萬家企業提供員工自主退休帳戶，這些計畫允許你提撥自己的錢到個人退休帳戶，而且不必繳稅。（編註：在台灣，根據勞基法規定，雇主必須為勞工按月提繳不低於其每月工資 6% 的勞工退休金至個人退休金專戶，勞工個人則可自行另外提繳 1 ～ 6% 退休金。）

　　最常見的自主退休帳戶為 401(k) 計畫，一般認為 401(k) 計畫是所有退休帳戶之母。如果你在非營利組織如學校或醫院工作，提供給你的可能是類似的計畫，叫 403(b) 計畫（數字和字母代表建立各退休計畫的稅法），本質上，兩者提供相同的機會。如果你符合資格，請好好把握機會。為什麼？有六個重要的理由：

- 提撥至計畫的錢和累積的投資收益，都不必負擔所得稅——在你領出來前一分都不用付。
- 截至 2016 年，你每年最多可提撥 18,000 美元（如果你年過五十歲則可投入更多，未來還能再提高，詳情請見 114 頁）。
- 你可以安排從薪資扣除自動提撥。
- 一切免費（大部分雇主免費提供員工這類計畫）。

- 你甚至可能從雇主那裡得到免費資金（大多數公司會相對提撥和員工同比例的金額）。
- 由薪資提撥至計畫，你會享有驚人的複利效果。

比政府早收到錢的力量

如我們在上一章所示，你每賺 1 美元，政府通常在你看到錢之前就先拿走 30 美分，你只能拿到約 70 美分。但當你提撥至延後課稅退休計畫時，你就能完整運用這 1 塊錢。現在你繞過政府了，這也使得延後課稅投資比一般投資更有優勢。下一頁的圖表將向你展示其優勢有多大。

一年後你比較想要 1.10 美元還是 77 美分？答案很明顯。甚至還有可能更好。許多公司會相對提撥一定比例的金額到員工的退休帳戶，如果你在這類企業工作，計算出來的數字會超前許多。

想想 1.38 美元和 77 美分，光是利用稅前退休帳戶你的儲蓄就增加了將近 100％！增幅很大，而這還只是第一年。

看一下 108 頁，了解以現金長期投入的結果會如何。

稅前投資的力量

	401(k) 退休計畫 （稅前）	一般投資 （應稅）
總收入	$1.00	$1.00
減掉稅金	-0	-30%
	———	———
可投資金額	$1.00	$0.70
加上年報酬	+10%	+10%
	———	———
一年後餘額	**$1.10**	**$0.77**
收益是否課稅？	否	是

雇主相對提撥的力量

	401(k) 退休計畫 （稅前，雇主相對提撥）	一般計畫 （應稅）
總收入	$1.00	$1.00
減掉稅金	-0	-30%
	———	———
可投資金額	$1.00	$0.70
一般雇主相對提撥	+25%	0
	———	———
投資金額	$1.25	$0.70
加上年報酬	+10%	+10%
	———	———
一年後餘額	**$1.38**	**$0.77**
收益是否課稅？	否	是

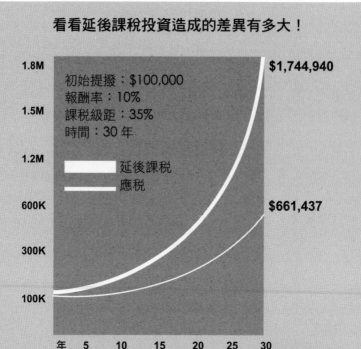

看看延後課稅投資造成的差異有多大！

初始提撥：$100,000
報酬率：10%
課稅級距：35%
時間：30 年

延後課稅
應稅

$1,744,940

$661,437

| 關鍵重大差距 | $1,083,503 |

延後課稅可增加更多錢。

將成長轉為收入

項目	應稅	延後課稅
累計	$661,437	$1,744,940
報酬率	10%	10%
年獲利	$66,143	$174,494
課稅級距	35%	35%
年收入	$42,993	$113,422

延後課稅的成長可帶來更多收入。

加入計畫

　　稅前退休計畫是所有財富的起點，但根據資料顯示，每四位符合資格的美國勞工中就有一位沒有加入。在保障未來上，這些人並沒有在狀況中，他們是旁觀者。如果你是其中之一，今天考慮去申請一下。你讀完這章後，我要你聯絡公司負責薪水的部門，要求他們提供你公司大概是稱作退休申請套組的東西。如果你的雇主是家大公司，你或許能在公司網站取得資料。

　　許多人誤以為如果他們的公司提供員工 401(k) 或 403(b) 計畫，他們就自動加入了。這是不可能的，在美國大部分的公司，你如果沒申請計畫，就是沒加入。

了解你是否已自動加入

　　自從我的書初版以來，最有利於美國儲蓄率的事是美國企業搭上「自動理財法」列車，許多 401(k) 計畫開始將自動加入列為標準功能，這代表如果你在提供 401(k) 計畫的公司工作，在你受僱時雇主可能已經自動將你加入到計畫中。

　　這是個好消息！然而大多數提供自動加入的公司預設儲

蓄率不到 4％，對你來說不夠。因此如果你在自動加入計畫的公司工作，別以為事情已搞定，回頭看看他們替你登記的儲蓄率，然後提高它。

有件事要記得，現在有些退休計畫每年會自動增加你的提撥比例，舉例來說，你登記的儲蓄率為 5％，然後在「自動增加」功能打勾。此時系統會要求你設定想自動增加提撥比例直到上限為止的時間範圍。這是個很棒的功能，能幫助你提高自動儲蓄金額，我強烈建議利用它快速協助你增加儲蓄率至 10％或更多。研究的確顯示提供自動加入和自動增加功能的公司，其員工的儲蓄率上升了三倍！

索取退休帳戶申請表

現在聯絡公司負責薪水的部門，索取退休帳戶申請套組。你大概在剛開始工作時就收到了資料，但是可能因為它有好幾吋厚，於是你放到一旁並說：「太忙了，待會再看。」

如果你就是這樣，務必索取新的套組。本章其餘部分將說明如何處理公司給你的表格。

順帶一提，你應該記住許多公司現在不一定是以書面作業，而是只在線上處理申請程序並以電郵通知，因此十分容

易錯過。如果你認為自己可能錯過了什麼，今天就去索取新的套組，或是上公司網站了解是否在線上申請即可。

選個比例⋯⋯再多做一點

既然你拿到了申請套組，你要決定每個薪資週期轉入退休帳戶的收入比例。在申請套組中，會有一張要你簽名的表格，授權雇主由薪資中扣款轉入你的退休帳戶。大部分計畫會問你是要將扣除金額設為收入的一定比例還是特定的金額。如果你可選擇，永遠選擇比例。這樣你加薪時，投入退休帳戶的金額就會自動跟著增加。

如同我們討論過的，理想上你應試著存下每天至少一小時的收入，比例上大約是總收入的 10％。我們也討論說可以慢慢開始，先存小部分的收入再逐漸調高到想要的水準。像我之前說的，即使你認為只能存 1％，別停下來，有總比沒有好。

同時試著積極點，畢竟我們談的是你的未來。不論你認為能夠先付多少錢給自己──再多一點點。若是認為能存 4％，那就存 6％。若是認為能存 10％，那就存 12％。大多數人會低估自己可負擔的數字，結果就是拉低自己的生活水

準及未來。

比你以為的還容易

　　事實上，實際的痛苦幾乎總是比你以為的輕很多，要了解為何如此，可以參考麥肯泰爾夫婦跟我提到大女兒唐娜和他的丈夫馬克的事。受到她父母先付錢給自己例子的激勵，唐娜決定她和馬克應該將總收入的 10％投入退休帳戶。因為他們年收入約 5 萬美元，表示每年要存 5,000 美元。

　　馬克當然喜歡有個安全未來這個想法，但他認為唐娜的計畫很瘋狂。他告訴她：「我們每個月錢都花光，不可能一年能存 5,000 美元，這就像每年減薪 5,000 美元。」

　　唐娜回答：「我們不必減薪 5,000 美元，那是稅前投資的優勢。」

　　「你跟我說我們每年可省下 5,000 美元，但不必減薪 5,000 美元？」馬克問。

　　唐娜說：「沒錯。」

　　馬克揉了揉眼睛：「我洗耳恭聽。」

　　唐娜花了一點時間解釋給他聽，到她結束時，馬克願意試一試。我希望你也一樣。

「通常我們每年賺 50,000 美元，對吧？」

馬克點頭。

「錯，我們的稅率約 30％，也就是我們拿到的只有 35,000 美元。現在你一定在想每年先付錢給自己會把 35,000 美元減到 30,000 美元。」

馬克又點了頭，雖然這次力道沒那麼大。

「又錯了。記得，我們在付給政府前要先付錢給自己。換句話說，存下的 5,000 美元由這裡撥出。是總收入減少了，由 50,000 降至 45,000 美元。」

「但那還是 5,000 美元啊。」馬克抗議說。

「還沒結束。」唐娜說：「來算一下：45,000 美元，稅率 30％，我們兩人的可支出收入為 31,500 美元。之前我們的可支出淨收入為 35,000 美元，現在我們拿到 31,500 美元，差距是每年 3,500 美元，不是 5,000 美元。」

馬克瞪著她好一會，在腦中算了一下。「很酷啊。」他最後說：「我們存 5,000 美元，但我們的收入只減少 3,500 美元。」

「對。」唐娜同意說：「你知道 3,500 美元有多少嗎？每個月約 290 美元，我們兩個人分，一個人只有 145 美元，每天不到 5 美元，我想我們可以處理得來，對吧？。」

事實上，唐娜和馬克幾個月後便不再注意實領薪資中間

的差距了。他們的經驗並不特別。我保證,只要你開始付錢給自己,在一個月內,你會完全習慣。你注意到唯一的不同是你了解到朝向自動千萬富翁之路邁進而感覺很棒。你財務生活的變化最終會改變你的財務命運。

現在將金額提高到上限

如果你已經在公司申請退休計畫,恭喜!但還沒完成。現在你得決定要用到什麼程度。你存 4% 嗎?大部分人都這麼做,不幸的是,大多數人退休時沒什麼錢,要靠社會安全制度或家庭過活,而你不是他們。

在完美的世界中,致富最快的方式是將計畫發揮到極限,意思是依照計畫規定盡可能拉升提撥比例,以下為目前稅法允許的上限:

401(k)、 403(b) 和 457 計畫提撥上限		
年	允許上限(49 歲或以下)	允許上限(50 歲或以上)
2016	$18,000	$24,000

註:2016 年後,增加金額將經通膨調整,以 500 美元為單位。

雖然你可以透過上表當作指引，你仍應該到公司的相關部門查一下。如果你公司的參與率不高（表示你的同事沒先付錢給自己），那你的提撥允許上限可能比較低。所以不要瞎猜，今天就去核對，每年一月重新檢視上限，你才可以充分利用調高的金額。

你可能犯的最大投資錯誤

你做過最重要的投資決策可能是要自動提撥多少錢到自己的退休帳戶。除了買房（之後會提到），這個決定可能比你人生中採取的其他行動更能確定你是否會有錢。有了這個概念，應該不難想到你可能犯的最大投資錯誤是：沒有利用你的計畫，也沒提高金額到上限。

不是認真想變有錢的人這麼說：

「我無法存到收入的 4% 以上。」

「我的配偶加入了他／她的計畫，所以我不需要加入。」

「我們的計畫根本就不好，所以不值得利用。」

「我的公司沒有相對提撥退休金，所以不值得加入計畫。」

「投資股票很愚蠢。」

「我以後再多存點。」

認真的財富累積者這麼說：

「無論如何我都要先付錢給自己。」

「我先付至少收入的 10% 給自己並努力提撥允許的最高
金額到退休帳戶。」

「我要確認我的配偶也照著做。」

「我了解股市下跌時，可以用較便宜的價格買股票……
而那是好事。」

「我知道為了未來存錢的時機一直都是現在。」

五十萬的差距

　　如果你認為我就像張破唱片，一直在重複提高退休計畫
金額上限的重要性，那聽聽麥肯泰爾夫婦跟我說的兩對夫妻
朋友的故事吧，那令我印象深刻到多年來一直重複提起它。

　　第一對夫妻馬利蓮和羅伯特花了三十年將重心放在自
動提撥收入到羅伯特的退休帳戶。羅伯特在一家石油公司工
作，當雇主一開始提供 401(k) 計畫，允許員工最多提撥收入
的 15% 時，羅伯特評估可以加入計畫，但他們不確定是否能

提撥那麼高的薪資比例。最後，吉姆由整體角度討論這件事，他說：「羅伯特，你們沒有理由不做這件事，現在做點犧牲，你們之後會很高興自己這麼做。」他們聽進了這明智的建議，羅伯特選擇 15％，也就是最高提撥比例。

未來那一天永遠不會來

與此同時，馬莉蓮和羅伯特最好的朋友賴利及康妮也在處理同一個問題。賴利的工作和羅伯特很類似，兩人的收入相當，但賴利及康妮做了不同的決定。經過熱烈討論後，他們只提撥賴利收入的 6％。他們覺得無法負擔 6％以上的比例，認為可以在未來狀況較寬鬆時再提高比例。

很快過了二十年，羅伯特和賴利都五十幾歲了，他們都遭到裁員。對馬莉蓮和羅伯特來說那不是個大問題，他們反正準備退休了，而他們知道已經存夠了錢，可以過得很舒適。的確，將提撥拉升到上限的結果是羅伯特的 401(k) 帳戶餘額超過 935,000 美元。

賴利及康妮就沒那麼好了，賴利後來都沒有提高比例，401(k) 帳戶只有 450,000 美元，比羅伯特少了快 50 萬美元。他和康妮還是可以退休，但其後的生活不會像羅伯特和馬莉

蓮那麼舒服。

　　要從賴利及康妮的例子學到教訓，別犯了和他們一樣的錯誤，現在就提高退休提撥到上限。只要做了這個動作，你將改變你的財務未來──保證會越來越好。

自動化加上複利效果等於龐大財富

　　在減稅、由雇主相對提撥拿到的「免費資金」以外，先付錢到自己的退休帳戶是累積財富的有效方式，最重要的原因就是你**使它自動化**。一旦你在公司相關部門申請，就完成了，你不必做任何事。提撥金額會自動從薪資轉到退休帳戶，因為程序是自動的，你很可能會長期持續進行，因此你可享有大多數人不是真的了解的複利的奇蹟。

　　簡單來說：**隨著時間推移，金錢會以複利累積；長期下來，金錢會以驚人的效果複利累積！**

　　你不必相信我的話，看看下表，顯示複利的奇蹟如何將相對少但持續存下的錢轉變為龐大財富。它說明在各個期間以不同利率每個月存 100 美元，你可以賺到的錢。看到複利的力量了嗎？經過四十年，每個月存 100 美元的計畫總成本為 48,000 美元。但即使是低報酬率（例如一年 6%），你還

是能拿到 200,145 美元，是你實際投入的四倍。以較高的報酬率（12%）計算，你存下的錢是總提撥額的二十五倍。

每個月存 100 美元的儲蓄成長

依報酬率而定，每個月只要存 100 美元到計息帳戶，然後複利累積，可產生龐大的金額。

利率	5 年	10 年	15 年	20 年	25 年	30 年	35 年	40 年
2.0%	$6,315	$13,294	$21,006	$29,529	$38,947	$49,355	$60,856	$73,566
3.0%	6,481	14,009	22,754	32,912	44,712	58,419	74,342	92,837
4.0%	6,652	14,774	24,691	36,800	51,584	69,636	91,678	118,590
5.0%	6,829	15,593	26,840	41,275	59,799	83,573	114,083	153,238
6.0%	7,012	16,470	29,227	49,435	69,646	100,954	143,183	200,145
7.0%	7,201	17,409	31,881	52,397	81,480	122,709	181,156	264,012
8.0%	7,397	18,417	34,835	59,295	95,737	150,030	230,918	351,428
9.0%	7,599	19,497	38,124	67,290	112,953	184,447	296,385	471,643
10.0%	7,808	20,655	41,792	76,570	133,789	227,933	382,828	637,678
11.0%	8,025	21,899	45,886	87,357	159,058	283,023	497,347	867,896
12.0%	8,249	23,234	50,458	99,915	189,764	352,991	649,527	1,188,242

如果你的公司沒有退休計畫

首先，別放棄。你的公司沒有提供退休計畫不表示你永遠都不會有錢，只意味著為了有錢你要積極一點。但不用擔

心，應該不到一小時你就可完成所有事情。一小時有多久？
相較於大多數人每星期看電視的時間，根本沒多久，但可能
改變你的一生。

這星期就開立個人退休帳戶吧

大部分有收入的人可以在銀行、券商甚至網路上開立
個人退休帳戶（IRA）。類似 401(k) 或 403(b) 計畫，IRA 帳
戶不是一種投資，而是持有金融標的之工具，每年最多可提
撥 5,500 美元延後課稅金額，如果年滿五十歲或以上則可達
6,500 美元。（編註：台灣沒有此類退休帳戶計畫，若除了勞退新制
給付的退休金以外，仍想做退休儲蓄規劃，可至台灣各銀行或證券公
司詢問自主提撥與投資的退休計畫。）

開立 IRA 時，首先要決定投入的金額，再來是投資的方
式（很多人將 IRA 資金投入共同基金，之後會談到細節）。
目前你應該考慮兩種 IRA 類型：傳統 IRA 和羅斯 IRA（Roth
IRA），繼續看下去就知道原因了。

傳統 IRA 和羅斯 IRA 的比較

傳統 IRA 和羅斯 IRA 最大的不同是退休帳戶課稅的時

間。傳統 IRA 方面，你提撥的是課稅前資金[1]，雖然投入帳戶的金額不必繳所得稅，但提出帳戶的錢都要課稅。到你七十點五歲時，必須提出所有錢。

另一方面，你投入羅斯 IRA 的錢要繳稅（換句話說，你的提撥金額無法抵稅），而且有收入限制[2]，好消息是只要帳戶開立後存滿五年並且年滿五十九點五歲，提領時就不必課稅。和傳統 IRA 不同，到七十點五歲時政府不會強迫你把錢領出來。

我要如何決定？

選擇傳統 IRA 或羅斯 IRA，實際上取決於你要事先還是延後減稅。許多專家說能由傳統 IRA 得到事先抵稅的利益總是比較好，其他專家則偏好羅斯 IRA，因為你一到了退休年齡，它可在你未來的歲月提供免稅收入。所以哪個較好，是先還是後？最終還是要看你退休時的稅率級次，而這是你真的不確定的事。常識會告訴你大概是在較低的級次，因為你再也不工作了。但誰知道到時候稅法會變怎樣？根據大部分的電腦預測，如果你至少還有十五年才計畫開始從退休帳戶

1　如果加入了雇主的計畫，傳統 IRA 可能無法抵稅，詳情請見美國國稅局（IRS）出版品 #590 — A。

2　如果你的年收入不到 116,000 美元（夫妻為 183,000 美元），每年最多可提撥 5,500 美元。如果收入超過，可投入金額會降低。如果年收入達 131,000 美元（夫妻為 193,000 美元），就完全不能採用羅斯 IRA。

領錢，羅斯 IRA 或許比較好。但不知道你的個人狀況，很難明確地說哪個計畫對你最好。

我碰巧喜歡傳統 IRA，因為可抵稅使得你能拉升提撥金額至上限。提撥 5,500 美元到羅斯 IRA 實際上要存 7,000 美元（如果你的級次在 25％ 或以上），因為你的收入必須先付所得稅才可用來提撥。然而，如果你認為可以下定決心存足夠的錢充分提撥到羅斯 IRA，而你離退休還有十五年以上，那羅斯 IRA 是很好的選擇，因為你退休時提出的錢都免稅！此外，如果你加入了雇主計畫因此無法藉由傳統 IRA 抵稅，別考慮傳統 IRA，選羅斯 IRA。你不孤單，羅斯 IRA 自本書初版以來大受歡迎，美國人在其中的資產達 5,000 多億美元。

羅斯 401(k) 計畫

自從本書初版以來，有新型的 401(k) 和 403(b) 問世，稱為羅斯 401(k) 計畫，特點大致和羅斯 IRA 相同。你投入羅斯 401(k) 的錢要繳稅。不過在年滿五十九點五歲前的投資增長免稅，這點和 401(k) 計畫一樣。年滿五十九點五歲後提領出來的錢免稅。如果你還年輕，稅率也低，那這個帳戶就適合你。如果你在較高的稅率級次，就別選這種新帳戶，繼續

用一般類型。雖然如此，如果你難以選擇，可以各分一半，
50％提撥到可抵稅的 401(k) 計畫，50％則投入羅斯 401(k) 計
畫，即可包含兩種稅基。我知道這很複雜難懂，所以到目前
為止很少人利用這些新計畫。即使如此，我保證會提供你最
新的資訊，而這是很重要的事。最後，羅斯 401(k) 計畫沒有
收入上限，因此高收入者現在可利用此計畫。

自動化你的 IRA

　　許多人低估了 IRA（傳統和羅斯），因為他們不了解想
要使 IRA 實際發揮作用，你需要自動化你的 IRA。

　　我之前提過你應該不會花超過一小時開立 IRA，這還包
含了自動化所有程序以及交通和排隊等待的時間。開立 IRA
及自動化程序的實際文書作業可以在十五分鐘內完成。下列
的一些公司甚至接受行動存款（表示你可以拍一張支票的照
片，退休帳戶就會立即入帳）。開立 IRA 的方式有很多，甚
至比開支票帳戶還容易。

要去哪裡開立 IRA

在美國，有幾百家銀行、券商和基金公司可供你選擇，幫助你開立 IRA。以下是六家我認為不僅對投資人友善，還能輕鬆透過網路進行的公司。前四家是大型知名公司，提供線上服務並有電話支援，都可協助你幾分鐘內自動化整個程序。後兩家是線上領域的新進業者，現在稱為「自動化投資理財顧問」（Robo Advisor）。它們比前四家大公司小很多，很可能在讀到這時被其中一家大公司購併。但我仍認為包含它們很重要，讓你看看有什麼選擇。雖然這不是全部的名單，但可能已經足以提供你做決定了。

如果你想待在舒服的家中進行……

德美利證券（TD AMERITRADE）

1-800-454-9272

www.tdameritrade.com

德美利證券一直是最受「自助」投資人歡迎的公司之一，他們很棒的地方是有精美的網站可協助你了解更多投資的事。我特別喜歡他們的退休規劃區，能幫助你分析該選用哪種類型的退休帳戶。他們也使線上開戶變得非常容易，線上

申辦時，你可以打給他們，透過真人對話走完流程。同樣吸引人的是，開退休帳戶沒有最低存款要求。此外，你可建立共同基金自動投資計畫（最低每月 150 美元），如果你現在就想開始而存款很少，這是很大的優點。想面對面進行的人，德美利證券在全美有超過 170 間分公司。再次要說，全部手續都可以在幾分鐘內完成，經由電話最多也能做 10,000 美元的行動存款。他們還提供 13,000 多檔共同基金和 100 檔零佣金的 ETF。

嘉信理財（CHARLES SCHWAB）

1-866-855-9102

www.schwab.com

　　嘉信理財是美國最大的全方位金融服務公司，他們提供「自助」和經驗豐富的投資人強大的平台，使開立 IRA 的過程很順暢（他們的網站說只要十分鐘左右就能完成）。在嘉信開 IRA 最低金額為 1,000 美元。他們提供 3,000 檔共同基金和 200 檔 ETF，沒有手續費。如果你想和顧問面對面，嘉信在全美有 300 多間分公司。公司也迅速在當今被稱為「自動化投資理財顧問」的自動投資流程方面取得領先地位，在嘉信的名稱是「智慧型投資組合」（Intelligent Portfolios），

可提供最低金額 5,000 美元的帳戶。這些自動化投資組合由 20 檔 ETF 組成，沒有帳戶服務費或佣金。此計畫在許多方面表現出「自動化投資」的特性，讓你可以在幾分鐘內建立專業管理的投資組合，種類多元且可為你自動平衡。

富達投信（FIDELITY INVESTMENTS）
1-800-631-1903
www.fidelity.com

　　富達除了是美國最大的金融服務公司，也是使退休手續更容易的領導者。開券商帳戶的最低金額只要 2,500 美元，IRA 則沒有最低限制。每月最低 10 美元即可自動投資於許多基金。上該公司網站看看富達自由基金（Fidelity Freedom Funds），這些基金簡化了投資程序，能根據退休日期為你自動做資產配置。此外，富達提供 3,400 多檔基金和 70 檔 ETF，沒有佣金或手續費。如果你想和顧問面對面溝通，他們在全美有 180 多間分公司。網站有關退休帳戶的版面編排得不錯，容易瀏覽，規劃區功能頗強。行文至此，富達正在測試其自動化投資理財顧問產品「Fidelity Go」，提供完全自動化投資服務，協助你選擇和建立多樣化退休帳戶，再自動為你平衡。開自動化投資帳戶目前最低門檻為 5,000 美元。

先鋒（VANGUARD）

1-877-662-7447

www.vanguard.com

　　說起對投資人友善的券商一定要提到先鋒，尤其是你計畫長期自己進行的話。自本書初版以來，先鋒年年持續成長，幫助更多自助投資人。截至 2014 年，先鋒管理的資產超過 3 兆美元，服務兩千多萬投資人。他們不僅可提供上述公司的所有服務，也有業界成本最低的基金。退休帳戶最低門檻為 1,000 美元，但開立帳戶之後每個月沒有最低投入金額限制。先鋒有線上工具協助你十分鐘內開立退休帳戶。他們的網站也有很棒的工具做退休規劃和選擇基金，標的包括約 240 檔基金和 ETF。你可打電話（要求轉接退休規劃專家）尋求協助線上完成程序。先鋒也以全方位顧問工具「個人顧問服務」（Personal Advisory Service）迅速在「自動化投資理財顧問」領域領先，可為你建立自動管理投資組合並自動再平衡。在撰文的此時（2016 年），唯一的問題是這些帳戶服務的最低門檻為 5 萬美元。

自動化投資理財顧問

　　自本書初版以來，投資上最大的變動是出現了一種新型態的投資顧問服務，一般稱為「自動化投資理財顧問」。這些只在線上服務的公司運用科技，提供由低成本基金組成（通常是 ETF 和指數型基金）的專業管理投資組合。以下為進行的方式：你上網回答自動化表格上一連串的問題，根據你提供的資訊，系統會在幾秒內為你建立投資組合模型。接著這些專業管理的投資組合以「自動導航」方式管理，費用比傳統真人顧問少很多。想想「自動理財法」金錢管理，你確實了解這個概念。

　　簡而言之，你花幾分鐘即可為退休得到專業多樣化的投資帳戶，你的投資標的立即分散並隨時間推移自動再平衡。對身為你的教練的我來說最重要的是，這些線上選擇的帳戶門檻非常低，有時候甚至沒有門檻。過去幾年，有幾十家業者進入市場，現在他們管理超過 1,000 億美元的資產，而且成長快速。

　　事實上，許多業者為小型新創公司，壽命不長，因為大公司口袋更深，行銷費用更高。所以好公司會被大型金融服務公司購併整合（已是現在進行式）。

　　話雖如此，有幾家主要業者在由科技帶動的產業轉型趨

勢中引領潮流，而它們很可能獨立存活下來。以下兩家公司
在群雄環伺下仍具領先地位，在你看到這的時候，我預期大
部分主要金融服務公司和多家獨立財務顧問公司會提供某種
形式的這類服務。

BETTERMENT
1-888-428-9482
www.betterment.com

　　如果你是投資新手，錢很少或才剛開始，Betterment 值
得一看。該公司沒有最低門檻，退休服務很全面且容易建立，
你可以在他們的協助下在幾分鐘內開立 IRA。檢視他們的工
具「RetireGuide」，它可連結你各個退休帳戶，包括 401(k)
計畫。

　　該公司提供廣泛的服務，包括基本的財務規劃和投資組
合再平衡到投資利損減免（tax-loss harvesting）等。這些服務
的費用很低，金額超過 10 萬美元的帳戶每年只要 0.15％，
金額較少的帳戶費用則高一些，為 0.35％。儘管基礎投資也
會產生管理費，但著重在指數 ETF 會使得費用偏低。

WEALTHFRONT

1-650-249-4250

www.wealthfront.com

　　Wealthfront 也是想利用自動化投資顧問服務的投資人最佳的選擇，在撰寫本書時（2016 年）的開戶門檻只要 500 美元，所以很適合新投資人。管理金額的前 10,000 美元不收管理費，超過的資金則收 0.25％管理費。基礎投資也會產生管理費，但運用指數 ETF 使得費用非常低。該公司的系統簡單易用，你可以在幾分鐘內開立退休帳戶。他們也有個很棒的工具「Portfolio Review」，能評估你在其他地方持有的投資組合。最後，對於金額超過 10 萬美元的帳戶，他們有投資利損減免功能可直接投資個股。

重要訊息！

　　如果你利用證券公司或銀行（不論大小）的線上工具建立自動化投資組合，請花點時間仔細填寫問卷，不要匆忙略過與隨意填寫。大部分公司會根據你告訴他們的投資期間和風險容忍度決定投資組合成分。如果勾錯選項，整個投資組合的方向可能會出錯，不是風險太高就是不夠。有疑問時，聯絡公司和他們的顧問討論。我要你安全地做好準備，並且了解你做的決定。

利用券商或銀行

　　看過我剛才提到的公司網站後，你可能還想做更多研究。以下為部分提供全方位服務的最大券商和銀行名單，包括網址和電話。如果想和財務顧問面對面溝通，和特定人士建立關係，你可以也應該這麼做。不少人偏好此方式，如果你也是，接下來幾頁可供你參考。

能協助你的公司

打電話或上網找到在你附近的據點。

全服務券商

富國投資顧問
（Wells Fargo Advisors）
1-866-224-5708
www.wellsfargoadvisors.com

花旗個人財富管理
（Citi Personal Wealth Management）
1-800-846-5200
www.citibank.com

嘉信理財
（Charles Schwab）
1-866-855-9102
www.schwab.com

富達投資
（Fidelity Investments）
1-800-FIDELITY（343-3548-9）
www.fidelity.com

愛德華瓊斯
（Edward Jones）
1-800-441-2357
www.edwardjones.com

美林證券
（Merrill Lynch）
1-800-MERRILL（637-7455）
www.ml.com

普信
（T. Rowe Price）
1-800-225-5132
www.troweprice.com

阿默普斯金融
（Ameriprise Financial）
1-800-846-5200
www.ameriprise.com

瑞士銀行（UBS）
1-800-354-9103
www.ubs.com

雷蒙詹姆士
（Raymond James）
1-800-248-8863
www.raymondjames.com

摩根史坦利
（Morgan Stanley）
1-888-454-3965
www.morganstanley.com

林肯金融
（Lincoln Financial）
877-ASK-LINCOLN
（275-546-2656）
www.lfg.com

到銀行或券商時要說的事

　　你到銀行或券商開 IRA 時，要向協助你的銀行或券商人員（或是電話客服人員，如果你在線上開戶）強調想建立系統化投資計畫。這是個資金能定期自動由你的其他帳戶（通常是你的一般支票帳戶）轉至 IRA 的計畫。

建立自動投資計畫

選擇一：薪資扣款

　　建立這類計畫最佳的方式是讓雇主做薪資扣款，薪資自動扣款直接轉到你的 IRA。不是所有雇主都會這樣，如果你的公司可以，他們會請你填寫表格，要求提供帳戶資料才可轉帳（表示你要開 IRA 帳戶並給雇主帳號及轉帳資訊）。現在大部分銀行和券商可幫你處理所有事務，以你的名義聯絡雇主的薪資部門和進行一切書面作業。

選擇二：由你的支票帳戶扣款

　　如果雇主沒有提供薪資扣款，詢問是否提供自動直接存款（答案幾乎都是肯定的）。這表示他們會直接把你的薪資存到你的支票帳戶。若是如此，你可和僱用的銀行或券商協調，將錢由支票帳戶轉到你的退休帳戶。我建議你在每次發薪時都進行，在你領到薪水的隔天是最理想的。

　　幾乎每家提供 IRA 的銀行或券商都可為你安排，很多家甚至會聯絡你的雇主，協助你完成薪資自動扣款書面作業。你只需要主動詢問。一旦完成，你就再也不必顧慮了。此外，你的決定並不是一成不變的，通常一通電話或書面要求即可做變更。別忘了許多銀行目前提供免費線上帳單服務，讓你

能將支票「自動支付」給任何指定對象，只要花五分鐘自動化你的投資計畫就能一勞永逸。

另一個把一切自動化超簡單的方式

　　網路科技讓設定「線上帳單支付」（Online Bill Pay）功能變得異常簡單。如同字面上的意思，「線上帳單支付」讓你能夠透過網路支付所有帳單。只要開立帳戶，帳單會直接轉到提供此服務的公司，它會掃描帳單再於線上轉給你，你只要點選按鈕即可。支付每筆帳單的錢自動由你的銀行帳戶轉出。線上帳單支付的優點是你可以自動轉錢到任何地方。例如你每週要轉 50 美元到退休帳戶，線上帳單支付能為你代勞，一旦設定好，你「什麼都不必做」。現在每家主要銀行和券商都完全免費提供線上帳單支付服務，如果為了某些理由你不想用你的銀行，可以利用每個月收費最高約 9.95 美元（通常是 25 筆帳單或支票）的線上帳單支付服務，加上每筆帳單的費用 65 美分。

我應該存多少？

相較 401(k) 或 403(b) 計畫，要提高到 IRA 上限的金額不必太多。截至 2016 年，如果你未滿五十歲，每年最多可提撥 5,500 美元（年過五十則為 6,500 美元），等於每月只有 458 美元，或每個工作日 21 美元。除非你時薪不到 21 美元，你沒有理由不把提撥額升至上限。記得，你現在每天應該至少為自己工作一小時。

傳統 IRA 和羅斯 IRA 提撥上限

年	允許上限 （49 歲或以下）	允許上限 （50 歲或以上）
2016	$5,500	$6,500

註：2016 年後，增加金額將經通膨調整，以 500 美元為單位。

真的一年只存 5,500 美元就能變有錢嗎？

一年存 5,500 美元聽來可能不多，但別忘了複利的力量。如果你二十五歲每個月開始存 458 美元（或每年 5,500 美元）到 IRA，年報酬率 10％，到六十五歲時，你的存款有近 290

萬美元。即使你到四十歲才開始,還是有不少金額,約 61 萬美元。

很明顯地,越早開始越容易累積龐大財富;不過我還是要說,存錢永遠不嫌晚,現在就開始,有錢總比沒有好(回 70 頁再看一次那張圖)。

如果你是自營業者那更好

如果你是自營業者,我要告訴你:恭喜。小型企業真的是我們經濟的動力;它是創造經濟成長的引擎。政府體認到這點,給予小型企業主退休帳戶最佳的減稅措施。

企業主可選擇多種退休帳戶。由於本書的目的是促使你快速行動,我只討論其中兩種:簡易員工退休金(SEP IRA),對自營業者是最簡單的退休帳戶,及令人興奮的單人 401(k) 利潤分享帳戶。(編註:在台灣,自營業者也可加入勞退新制,需填寫「自營作業者自願提繳勞工退休金申請書」,月提繳工資依自營作業的每月所得,按「勞工退休金月提繳工資分級表」之等級金額填報,也可填寫實際金額由勞保局自動歸級。)

簡易員工退休金（SEP IRA）

簡易員工退休金也稱為自營業者退休帳戶，由 2002 年稅法改變應運而生。這些計畫很棒，你現在最高可提撥總收入的 25％到 SEP IRA，上限超過 53,000 美元（每年都經通膨調整），用在先付錢給自己很不錯吧？

如果你是自營業者，底下沒有員工，趕快跑去最近的銀行或券商，今天就開立 SEP IRA。幾乎所有列出的公司都提供 SEP IRA。過程中有點複雜的部分是建立自動化的機制。因為身為自營業者，你大概沒有固定薪水，但如同我們討論過的退休計畫，運作的重點是自動化，所以值得花點精力了解一下。以下為進行方式：

如果你有固定薪資：設立薪資系統，自動轉移提撥金額至你的 SEP IRA，如果你利用薪資公司應該會特別容易。和其他計畫一樣，概念是先付自己收入的 10％，若想很有錢可以放更多（記得，SEP IRA 的規定允許你最高投入 25％）。

如果你沒有固定薪資：很多自營業者在支付大部分業務費用後才拿到薪水或獎金。如果你這麼做，你必須確定每次拿到錢時，都會先把 10％撥至 SEP IRA。在此自動化或許有些困難，我會建議你試著支付自己某種薪水，就不用再想撥錢到計畫的事。我希望到目前為止你學到了，自動化的程序才有效果，沒有自動化通常一事無成。

單人 401(k) ／利潤分享計畫

如果你喜歡 SEP IRA，也會喜歡這個計畫。最初是在 2002 年稅改後成立，相對知名度仍不高。如果你的公司沒有非家族成員，這些帳戶對你或你的配偶都很不錯，因為和 SEP IRA 相比，你可以更快地投入更多錢到單人 401(k)。以下為運作方式：你最多可以存入薪資的 100％，2016 年的上限是 18,000 美元；此外，你還可利用計畫的利潤分享部分，再提撥收入的 25％，2016 年總提撥額為 53,000 美元。提撥金額會逐年上升以反映通膨（編註：如欲了解更多詳情，請見 www.irs.gov/retirement-plans/one-participant-401k-plans）。

看一下算法，例如你是自營業者，收入 10 萬美元。藉由單人 401(k) ／利潤分享計畫，你可以把頭一筆 18,000 美元薪資遞延至 401(k) 帳戶，另外放 25,000 美元到利潤分享部分，稅前總存款為 43,000 美元。SEP IRA 方面，10 萬美元你最多能放 25,000 美元（還是很多），但對想快點建立財富的企業主，這是比較好的計畫，使你能在扣抵和遞延繳稅額的基礎上存更多錢。這是企業主比一般勞工更快變有錢的原因。如果你和薪資公司如 Paychex 或 ADP 合作，請向該公司詢問詳情，因為這些公司通常也會提供這些計畫。此外，大部分全服務券商和折扣券商也會提供此類服務。

所以我該如何投資退休資金？

　　既然我們看過了不同類型的退休帳戶，接著來了解如何
投資你計畫中的錢。不論開立的是 401(k)、IRA 或 SEP IRA，
錢一存進帳戶，你就要選擇投資標的。帳戶本身只是存錢的
地方，你選的投資標的才會決定資金成長的速度。賺 1％或
10％取決於你如何投資。有了退休帳戶，聰明投資是很重要
的事，這不是在賭博。

　　最佳的方式是遵循老建議，不要把全部的雞蛋放在同一
個籃子。換句話說，你一定要分散標的，別把全部的錢只放
在一兩個地方；這並不是要你在不同地方開多個退休帳戶，
如果你這麼做又在每個帳戶做相同的投資，只是讓生活複雜
化而已。分散標的是在一個退休帳戶建立多樣化投資組合，
包括股票、債券和現金投資。很多人把它變得頗為複雜，真
的不必這樣。

金字塔的力量

　　142 頁的圖是一個很好的工具，可以協助你決定資金應
該投資在何處，和在各處應該分配的金額。我稱之為「投資

金字塔」，根據兩個簡單的原則：一、你的資金應投資包含現金、債券和股票的組合；二、由於你的生活狀況會有變動，組合的性質也應隨著時間改變。

如你所見，金字塔將你的財務生活分為四個不同的時期：起步期、賺錢期、準備退休期、退休期。在每個時期，你的需求和目標不同，因此你大概會有不同的投資組合。

每個時期的金字塔皆會顯示你的儲蓄各應分配多少比例至五個標準類型投資工具。按順序由最安全到風險最大的是現金、債券、收益型投資、成長和收益型投資、成長型投資、積極成長型投資。

金字塔的基礎為最安全投資（現金和債券）。隨著你往金字塔頂端移動，會承擔更多風險，由成長和收益、成長再到積極成長。雖然你一直想由較安全的標的開始建立退休帳戶投資組合，但適合你的風險類別的組合取決於你的年齡。你越年輕，越能承擔較大風險，因為有更多時間能度過股市的空頭或其他經濟放緩時期；對已經退休的人則相反。原則十分簡單，而且實際上可行。

利用投資金字塔當作指南，選擇退休帳戶資金要投資的標的。與其尋找符合你特定風險概況的個別股票和債券，我建議將資金放在適當的基金或 ETF。共同基金或 ETF 不僅提供專業資金管理、多樣化、操作方便，目前大部分也允許你

以 50 美元開始投資，有的甚至接受每月最少 25 美元的投資
額。接下來幾頁我會為新手投資人分享我個人喜歡的基金類
型。

如何投資我的 401(k) 計畫？

　　這個投資金字塔可以幫助你配置資金到你的 401(k) 計
畫，你的計畫可能提供和金字塔中列出的工具十分類似的投
資選擇。若是如此，請盡量利用金字塔中的百分比適當分配
資金。唯一要注意的差異也許是如果你碰巧在大型且公開上
市的公司工作，你的計畫很可能會提供投資公司股票的機
會。若是有，請抗拒過度投資的誘惑，不論你認為自己的公
司有多棒。

　　近年來，有太多過於忠實的員工失去全部的儲蓄，因為
他們把所有退休金都投資在自家股票。記得安隆（Enron）、
世界通訊（WorldCom）和朗訊科技（Lucent Technologies）
之類的公司吧。直到屋頂掉下來以前，每個人都以為這些公
司很穩定，對它信賴的程度不會比員工少。經濟衰退時，即
使看似穩定的銀行像美國商銀（Bank of America）和花旗銀
行（Citibank）的股票（也就是退休金）都幾近毀滅。有員

投資金字塔

青少年到 30 世代（起步期）

狀況和目標
- 積極
- 增加淨值
- 極長期展望
- 願意承擔合理風險

5% ～ 10% 積極成長型投資
40% ～ 50% 成長型投資
30% ～ 40% 成長和收益型投資
5% ～ 15% 債券
5% ～ 10% 現金

30 世代至 50 世代（賺錢期）

狀況和目標
- 離退休還有 10 年或以上
- 增加淨值
- 願意承擔風險
- 不需要仰賴投資收益

5% ～ 10% 積極成長型投資
25% ～ 35% 成長型投資
35% ～ 45% 成長和收益型投資
15% ～ 25% 債券
5% ～ 10% 現金

50 至 65 歲世代（準備退休期）

狀況和目標
- 離退休不到 10 年
- 一般收入較高且財務責任較輕
- 願意承擔一些風險但希望波動較低

0% ～ 5% 積極成長型投資
15% ～ 25% 成長型投資
30% ～ 40% 成長和收益型投資
20% ～ 30% 債券
5% ～ 10% 現金

60 世代以上（退休期）

狀況和目標
- 享受退休生活或很接近退休年齡
- 保護淨值
- 偏好較低風險

0% ～ 5% 積極成長型投資
10% ～ 20% 成長型投資
30% ～ 40% 成長和收益型投資
25% ～ 35% 債券
10% ～ 15% 現金

工即將退休，把大半資產放在公司股票，一夜之間積蓄減少九成。我認為你永遠都不應該投資超過 25％的退休金（保守一點則是不超過 5％）在自家公司股票。

此外，你在利用自動理財法投資金字塔時，請將自家股票列為積極成長型投資（即使它是保守的公司）。因為持有單一股票降低你的多樣化，因此提高了風險。就算你在「完美」的公司例如蘋果（Apple）、亞馬遜（Amazon）、Meta、網飛（Netflix）和 Google（或者任何目前最受歡迎的公司）工作也一樣。今日的完美公司可能生變，甚至經常在一夜之間變了個樣。我不想讓你的一生積蓄陷入險境。

超簡單的一站式購物

許多公司的退休計畫會提供參與者一站式共同基金選擇，把你需要投入的所有不同種類投資標的都整合到一個「籃子」裡，如此一來你就不必擔心把積極成長型基金認成成長型基金，反之亦然。你也不需要計算相對股票資金投入債券的比例。

這種超簡單的投資有好幾個名稱，可能是「目標期限基金」（Target Dated Fund）或「生命週期基金」（Life Stage

Fund）。有的名稱中帶特定年份（例如 2030 年基金或 2040
年基金），概念是選擇最接近你預期退休日期的基金。大部
分基金也提供平衡型基金，它有專業管理，資產配置一般是
六成股票四成債券。有些公司現在可能提供我之前討論過的
自動化投資顧問模型版本，主要運用 ETF 和指數基金壓低
成本。不少公司現在也可能幫助你自動建立、監控和再平衡
401(k) 退休帳戶的投資。你或許可以看一下，它們可協助你
建立投資組合和規劃退休生活（僱用這些公司之前請先檢視
費用，因為這不是免費服務，費用依你帳戶內的金額計算）。

為什麼可以投資目標期限基金

　　如果我必須選一個在本書初版以來成為自動理財法最大
的變動，一定是目標期限基金。你幾乎可以稱它們為自動理
財法基金，因為很容易投資。這些基金現在很受歡迎，很多
企業退休計畫有提供，大部分投資人也開始利用（也許你也
在內）。目標期限基金是協助你選擇組合式基金，根據「退
休目標日」專業管理。例如你想在 2035 年左右退休，你就
選名稱中有「2035」的基金，然後基金經理人會建立多樣化
投資組合，如我之前讓你看的投資金字塔，分散在股票、債

券、現金和全球投資等。然後基金自動再平衡，在你接近退休日期時風險會下降。

了解你的生命週期配置

如果你已經有這類基金或在考慮中，很重要的是你要看基金的「生命週期配置」（Glide Path）。有些基金是帶你「穿越」退休期間，意味著如果你在六十五歲退休，基金將以你會再多活二十五歲的方式管理。有些基金到期日為你的目標期限，也稱做「到期」基金，表示基金到你選擇的目標期限時幾乎會全持有現金或債券。如果你計畫在六十多歲退休，我建議你利用「穿越基金」；如果是七十多或八十多歲就選「到期基金」。不必花太多時間猶豫，你隨時都可以更動。最後一個對這些基金的建議是：選一個就好！現在太多人選兩檔或三檔目標期限基金，你只需要一檔接近你退休日期的基金就行了。

為什麼可以投資資產配置基金和平衡式基金

　　如果出於某些原因你的計畫沒提供目標期限基金，那我確定他們會提供資產配置基金或平衡式基金。資產配置基金或平衡式基金能為你代勞所有事，類似目標期限基金，會在一檔基金內提供現金、債券和股票的適當組合。你不必創造投資金字塔，因此這類基金使得投資過程相當容易，不用我再強調。而且你不需要在提供 401(k) 計畫的公司工作才能利用。你可利用傳統 IRA、羅斯 IRA 或 SEP IRA 投資預先選擇和專業管理的目標期限基金、資產配置基金或平衡式基金。

　　如果你僱用銀行或券商財務顧問，告訴他或她你想看看目標期限基金、資產配置基金和平衡式基金的選項，你的顧問應該能指引正確方向。我挑選了一些全服務公司，下面是提供資產配置基金和平衡式基金的公司名單（無特定順序）。

目標期限基金、資產配置基金和平衡式基金

「自助」選項

　　以下公司提供「自助」投資的基金，表示你不需要經過財務顧問買基金。此外大部分這類基金為無費用基金，意即投資它們不用付佣金。目前約有 2,200 檔目標期限基金可供

選擇，但實際上業界是由三家大型公司主導：先鋒、富達和
普信，一共占整體市場的71%，因此大家可由這個名單開始：

先鋒

1-877-662-7447

www.vanguard.com

　　詢問先鋒生命策略基金（Vanguard Life Strategy Funds，
先鋒的資產配置基金）和目標退休基金，還有先鋒 STAR 基
金（Vanguard STAR Fund，為包含多個先鋒基金的「組合
型基金」資產配置產品），最後是先鋒平衡基金（Vanguard
Balanced Fund），是費用很低的平衡型基金，有優異的長期
紀錄。

富達投資

1-800-FIDELITY （343-3548-9）

www.fidelity.com

　　詢問富達自由基金，資產配置基金都有期限（如 2020、
2030、2040 和 2050 年）。概念是投資在期限最接近你想開
始從基金提款出來的日期（例如計畫退休），還有也可了解

富達平衡基金（Fidelity Balanced Fund）。

嘉信理財
1-866-855-9102
www.schwab.com

　　詢問嘉信市場追蹤（Schwab Market Track）系列基金，目前提供四檔基金，從保守型到成長型都有，另外還有它的目標期限基金。

普信
1-877-804-2315
www.troweprice.com

　　詢問普信退休系列基金，類似富達自由基金，這些基金有到期日，也可了解普信光譜基金（T. Rowe Price Spectrum Funds）。

簡單做投資

　　投資所有退休金在單一基金似乎太簡單，覺得好到很不真實？甚至有點無聊嗎？過去多年，身為財務顧問、投資人和金錢教練，我看過大多頭市場、平淡乏味的市場和真的很可怕的市場（就像本書初版前的 2000 年到 2003 年第一季，2007 年到 2009 年再次碰到）。身為一個在多空市場都表現良好的投資人，如果我從中了解到什麼實際的祕密，那就是：**管理你的金錢應該要平淡無奇！**事實上無聊有效果。根據資料顯示，現在有 6,500 億美元投資在這些簡單的一站式解決方案目標期限基金。

　　你若依照我在 142 頁建議的自動理財投資金字塔，最後可獲得專業管理又充分分散的投資組合。更棒的是，如果你投資一檔平衡式基金或資產配置基金，為你分散投資組合，而你又自動提撥，畢竟也是這本書的重點，你的財務人生真的就無聊了，如果你利用自動化投資理財顧問公司或指數基金和 ETF 投資組合模型也是一樣。你的資金將完全分散，專業化平衡及管理，儲蓄計畫將自動運作。

　　當然，如果你這麼做，在社交場合中人們提到他們怎麼投資時就沒有東西可說了，沒人會自誇有很簡單又充分分散的投資組合，所以在派對上你得找其他話題聊。但說真的，

你應該會想把這當作最大的問題吧？

如何在空頭市場保護你的財富

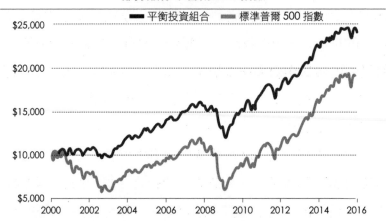

**平衡的投資組合在科技股崩盤和全球金融危機中
都打敗標準普爾 500 指數**

資料來源：彭博社。以一萬美元為投資組合起始金額：25% 標準普爾 500 指數、
25% 標準普爾小型股 600 指數、25% 巴克萊綜合政府／公司債券指數、
25% 巴克萊美國政府國庫券指數，每年再平衡。

　　不論你是用自動理財投資金字塔、平衡式基金、資產配
置基金分散投資或現今新的「自動化投資理財顧問」資產配
置投資組合，基本的理由應該是分散標的可在空頭市場保護

你一生的積蓄。多樣化即使在 2000 年至 2002 年可怕的市場狀況下也能使你轉危為安，分散在股票、債券和國庫券的投資組合幾乎可以保本，同樣的金額如果只投入股票則會虧損近一半。上一頁的圖顯示我們歷經的 2007 年到 2009 年經濟衰退的熊市，以及到 2015 年底市場回升期間的狀態。如果害怕在股市崩盤中失去一切令你不敢開始退休計畫，這張圖應該可再次保證多樣化是你長期保護資金的方式。

深入了解你的投資選擇

　　網路是你決定如何投資 401(k) 或其他退休計畫時不錯的來源，這裡有些網站可供參考，我挑出一些我喜歡並且可以協助你選擇基金的功能。研究共同基金、股票和一般財務規劃推薦的網站（編註：台灣的股票和基金等理財資訊，可以參考台灣證券交易所 www.twse.com.tw、鉅亨網 www.cnyes.com 等）：

晨星 www.morningstar.com

　　這是可以起始的地方，晨星公司（Morningstar, Inc）是實際發想基金排名概念的公司，它也創造星級制度做評分。上晨星首頁點選「基金」（Mutual Funds），再點「基金快

速排名」（Fund Quickrank）。為了有點樂趣，以「十年投
資回報」篩選「美國股票基金」開始。只要點三次即可搞定！
你取得了過去十年表現最好的美國基金名單（可能要先註冊
會員）。晨星網站另一個厲害的功能是基金報告，提供幾乎
每檔基金的一般介紹，加上簡單易懂的深入分析，你也可以
研究個股。你必須訂閱晨星以取得他們詳細的評估結果，但
一般摘要是免費提供的。

雅虎財經 finance.yahoo.com

　　雅虎是提供真正全方位服務的財經入口網站，有股票和
基金分析、投資組合追蹤、線上帳單支付、留言板、研究和
其他許多內容。雅虎讓你很容易、快速且免費取得想要的資
訊。連上雅虎的共同基金篩選器（Mutual Fund Screener）網
頁（你可能得用 Google 搜尋，因為他們似乎把網頁埋在某
處）。找到時，它會問查詢條件，選「任何美國股票基金」
（Any U.S. Stock Funds），最低初始投資 10,000 美元以下，
以績效排名，就出現了！只花了幾秒，即有具穩健報酬、長
長的基金名單。接著你可篩選符合你特定需求的基金（如初
始投資金額不到 1,000 美元的基金）。這只是此網站功能的
一個範例，有很多免費資料可協助你。

紐約證券交易所 www.nyse.com

　　紐約證券交易所官網，收錄所有紐約證券交易所上市企業的詳細數據，以及交易所如何運作的背景資料。

那斯達克證券交易所 www.nasdaq.com

　　想知道三千多家那斯達克股票交易所掛牌之公司的即時股票報價和詳細資訊，一定要上這個網站。

對於退休帳戶還有其他疑問嗎？

　　如果你仍有退休帳戶方面的問題，肯定都能在美國國稅局兩本非常有用的免費小冊子之中找到解答。連上 www.irs.gov 找出版品 #590-A 和 #590-B 個人退休安排（Individual Retirement Arrangements）以及 #560 小型企業退休計畫（Retirement Plans for Small Bsinesses），你可以直接在網路上下載這些手冊。

　　如果你還沒上美國國稅局的網站，可以去看一下。它包含許多資訊，而且免費。信不信由你，政府真的要你以稅前資金提撥到合格的退休計畫來存錢，你只需知道怎麼做。此

外，你現在可打美國國稅局免付費熱線尋求協助。稅務問題方面，可撥打 1-800-829-1040。欲知美國國稅局更多免費服務內容，可找出版品 #910（免費稅務服務指南 Guide to Free Tax Services）。

不論做什麼，記得要自動化

麥肯泰爾一家人不是嚴守紀律，每兩週坐下來開支票到他們的退休帳戶。他們和你一樣忙碌和心煩意亂，如果他們每幾週就必須開支票，那他們仍是月光族。使他們達到千萬富翁的是他們採取行動，為了未來把儲蓄自動化。如果你目前的計畫還沒自動化，你必須改變。

同樣地，如果你尚未提撥收入至少 10％到延後課稅退休帳戶，你也得做出改變。別像大部分人只存收入的 4％。大多數人最終要靠社會安全制度、朋友和家人勉強度日。既然你已經知道了怎麼做得更好，去改善它。即使你覺得必須逐步進行也沒關係，就放手去做吧。

退休規劃可以很簡單，也能夠很複雜，全都取決於你的決定。運用你學到的東西，你可以使它真的很簡單而且意外地有效。

自動理財法行動步驟

　　以下為你現在應該做的行動，以確保有個無憂無慮的退休生活。

☐ 確定你加入了公司的退休帳戶。

☐ 如果你沒有退休計畫，開 IRA 帳戶。

☐ 如果你是自營業者，開立 SEP IRA 或單人 401(k) ／利潤分享計畫。

☐ 決定每個月提撥到帳戶的金額（最理想是允許的金額上限）。

☐ 不論你開的帳戶類型，安排自動提撥到帳戶中，經由薪資扣款，或是在銀行或券商開立的退休帳戶，進行自動投資計畫。

　　現在來看看如何在艱困的情況下達到財務安全的狀態。

第 5 章

自動緊急預備金

「高枕無憂」因子

如果你因為讀了這本書而採取一個行動，即為了未來決定先付錢給自己並使它自動化，你的狀況還是比絕大多數人好很多。畢竟，你有幾個朋友或熟人能展望未來，知道晚年不會有任何金錢上的煩憂？

但現在呢？你如何給自己一些財務安全？

本章會回答兩個基本問題：

你應該存多少錢才可以在「艱困時期」保護自己？以及錢應該放在哪？

面對它吧，不管你的計畫有多完美或你的想法有多正面，總會有事情超出你的掌控出了差錯，有時還錯得非常離譜。人們失去他們的工作、健康和配偶。經濟可能變糟，股市可能下跌，企業可能破產，環境會變。如果有什麼你可以確定的事，那就是生命充滿了意外的變動，事情就是會發生。

有的人擔心變動，而其他人未雨綢繆。身為自動千萬富翁，你要有所準備。如此在你碰到問題時，就不必預支未來或先提出付給自己的錢因應狀況。這裡有個你可以馬上做的簡單測驗，判斷你是否準備好面對這類現實世界可能（即將）帶給你的變動。

高枕無憂測驗

我現在每月的總支出是：$＿＿＿＿＿＿＿＿＿＿

我目前在貨幣市場或支票帳戶存有 $＿＿＿＿＿＿＿＿＿ 。

這等於＿＿＿＿＿＿＿＿＿（寫下數字）個月的支出。

　　停下來，找枝原子筆或鉛筆填寫上面的空格了解你的狀況。你不用拿出支票簿才能算出來，只要粗估你認為每月的支出數字、在銀行的存款，以及目前的餘額能支付幾個月的支出。

高枕無憂或擔心破產？

　　結果如何？你目前有幾個月的積蓄？之前我提到根據統計，一般美國人存的金額不到三個月的支出。我個人做財務顧問的經驗是，大部分人甚至沒有那麼多錢。很可能你的鄰居是開新租來的車子和一天喝兩杯拿鐵的人，但連支付一個月費用的錢都沒有。

　　在美國仍然有很多個人破產案件，每年平均達一百多萬件，未來可能變更糟。我的預測是喪失個人住宅抵押贖回權件數很快就會再回到高檔。

　　為什麼？答案很簡單：我們並不像父母和祖父母那樣定期預留緊急預備金，讓自己有個緩衝。相反地，我們賺多少花多少。大部分家庭實際上是兩筆收入都用光。（每四個美國家庭中近三個是雙薪家庭。）如果其中一份薪資消失了，依靠這一份薪水的家庭財務狀況不到六個月就會陷入混亂。

你的目標：建立緊急預備金

　　為了確定你永遠不會碰到這種事，我要讓你看看如何自動建立緊急預備金。我的祖母曾經告訴我：「大衛，遇到大麻煩時，口袋裡有錢才能度過難關。」在這點上，她很清楚自己在說什麼。畢竟，有錢好辦事，有錢讓你感到安穩，有錢帶來保障，有錢才能開除老闆。

　　錢就像你開車時繫的安全帶，開車時你不會計畫要發生車禍，儘管如此，你繫安全帶是因為可能有人撞到你，或者會有狀況發生。

　　錢也一樣，你可能從未計畫失業、失能或房子被燒掉，但如我所說，總有事會發生，過去和未來皆然。幸好，這不代表你得一直擔心，有個在財務上可保護你不受生活不確定性影響的方法。那就是用緊急預備金給自己充分的緩衝。

緊急預備金的三條鐵律

1. 決定需要多大的緩衝

　　為了成為真正的自動千萬富翁，我認為你需要準備至少三個月支出的錢當成緩衝。將你粗估的每月支出乘以三，即為緊急預備金的目標。

　　如果你一般一個月花 3,000 美元，至少要放 9,000 美元在預備金帳戶內，除非發生緊急狀況，否則不能動用。你應該試著存更多錢嗎？當然。我之前的書建議存相當三到二十四個月支出的錢，視你的情況而定。應該存的金額要看你覺得需要多少「晚上才睡得好」。相當於三個月支出的金額是很好的起點，但若想再高些，當然可以做你認為適當的事。

　　由於目前經濟和政治情勢都頗紛亂，相當於一年支出的金額是不錯的終極目標，存下這些錢，即使失業又無法馬上找到工作你都不必擔心收支不平衡。更重要的是，一年的緩衝能帶來自由，你可以去做現在不覺得能做的人生重大決定，像是離開不喜歡的工作，才能試著開始新的職涯。

2. 別動用它

　　大部分人在銀行沒有緊急預備金的原因是每個月都有他們認為的緊急狀態，我要你想像你的緊急預備金像辦公室大

樓掛在牆上的滅火器。放滅火器的櫥櫃外的警告標語是「發生緊急狀況時，打破玻璃」而不是「你覺得聞到煙味時，打破玻璃」。我們可以用同樣的邏輯看待你的緊急預備金。

想像一下，如果你的緊急預備金上有個指示牌，它不會寫「如果你真的需要去那個特別的派對穿的洋裝……」或「如果運動用品店最近高爾夫球桿在特價……」或「如果舊的太吵，你需要新的洗碗機……」，而是「除非真的發生緊急狀況，別碰我」。

什麼是真正的緊急狀況？對你自己誠實，你知道的。真正的緊急狀況是威脅到你存活的事，不是想滿足舒適的欲望。

3. 放在適當的地方

我有次舉辦研討會，討論留些錢以備不時之需的重要性。討論進行中，一位叫鮑伯的男士坐在教室後面舉手說：「大衛，我有 60,000 美元當緊急預備金，夠嗎？」

我回答：「要看情況，你每個月花多少錢？」

他說：「大概 2,000 美元。」

我說：「所以你放了相當三十個月支出的錢，怎麼看都是很大的緊急預備金，為什麼要這麼多？」

鮑伯有點尷尬地笑了笑，他說：「嗯……我太太和我擔

心可能會發生另一次經濟大恐慌或爆發戰爭，我太太甚至怕有幽浮。」

整個課堂開始笑起來。

「不不，」我說，同時試著讓他們安靜下來：「記得，緊急預備金的重點是讓你晚上可以睡個好覺。如果存了相當六十個月支出的水準，鮑伯和他太太可以不擔心有幽浮，那他們存的就是適當的金額。」我轉向鮑伯：「所以告訴我，從這筆錢你得到多少利息？」

鮑伯的回答讓我瞬間停下來。

「我沒有賺到利息，」他說：「我把它放進行李箱埋在後院。」

我不可置信地瞪著他。「你把 60,000 美元現金放進行李箱埋在後院？」

「事實上大約 65,000 美元」他說：「行李箱中還有些金幣。」

到這裡，我很無言。接下來的靜默中前排有人轉向鮑伯說：「好奇地問一下，你到底住在哪？」

同學們整個大笑開來，大家笑了好幾分鐘，這是我在課堂上見過最有趣的時刻。

但鮑伯的故事仍然令我很擔心，他不可能是唯一的個案。我不是真的認為有很多人會將錢放進行李箱埋起來，而

是一定有幾千甚至幾百萬人的緊急預備金沒有賺到任何利息，這和鮑伯的做法一樣糟。

　　你沒聽錯，**緊急預備金沒拿到利息，幾乎就和埋在後院一樣糟。**

充分利用你的緊急預備金

　　大部分人成立緊急預備金時，他們把「未雨綢繆」的錢放在儲蓄帳戶或支票帳戶。為什麼這種方法不好？因為大多數儲蓄帳戶或支票帳戶的利息非常少，事實上這類帳戶大部分甚至要你付錢：月費、轉帳費、支票費、跨行手續費……重點是不論你怎麼處理緊急預備金，找家可以信任的銀行，不只管你的錢，還能增加它。你該做的是把緊急預備金放在付合理利息的貨幣市場帳戶。

　　對想放點現金並且賺取合理報酬的人來說，貨幣市場帳戶是最簡單和最安全的選擇。你存錢到貨幣市場帳戶時，實際上是買貨幣市場基金，投資在最安全和流動性最大證券的基金：很短期的政府債券，有時是評等較高的公司債。不過幾年前你一般至少要 10,000 美元才可開貨幣市場帳戶，因此很多人還誤以為這些帳戶只是有錢人的專利。事實上，現在

你最低能以 1,000 到 2,000 美元開立大多數貨幣市場帳戶，少數幾檔只要 1 美元，是的，1 美元。（編註：台灣可以透過銀行或基金平台申購貨幣市場基金，詳情請上提供此項服務的銀行或基金平台網站查詢。）

以買車的方式找優惠利率

目前基本上有幾千個貨幣市場帳戶可選擇，不過成本和品質差異很大。所以和買車一樣，別怕到處詢價。

也許最重要的變數是不同貨幣市場帳戶給付的利率，不只是銀行間有很大差別，利率可能也的確每天都會變動。（編註：台灣各大銀行皆會宣告各貨幣當日匯率，請上各大銀行網站查詢。）

自 1990 年代初期以來，利率一般是逐步走低，大部分貨幣市場帳戶的利息也跟著下滑。在此期間，我看著它們從一年約 12％，到 1990 年代還不錯的 7％，到本書初版時的 1％ 到 3％，再到現在不到 1％（2016 年初）。我預期這些利率未來幾年最終會攀升……至少略微上揚，讓我們保持希望。

找貨幣市場帳戶的利率

要了解能獲取的最新利率，你應該有以下動作：

一、拿份金融報章雜誌，如《華爾街日報》、《投資人商業日報》（Investor's Business Daily）或《巴隆周刊》（Barron's），全都列出許多不同貨幣市場基金的利率。類似的資訊（雖然不是很詳細）也可在《今日美國》甚至是你當地的報紙找到。

二、連上 www.bankrate.com，這網站不只可讓你比較不同金融機構提供的貨幣市場利率，也顯示每家開戶最少需要的金額。此外你可用州別排序銀行，這很重要，因為有的銀行提供免稅支票和貨幣市場帳戶，視它們在哪個州而定。

現在就聯絡你的銀行

了解自己可以拿到什麼樣的利率後，你比較能詢問目前緊急預備金存放的金融機構。如果是銀行，拿起電話打給他們，詢問你的錢利率有多少。若答案是零，詢問他們是否有貨幣市場帳戶。如果他們有，詢問要準備什麼文件才能開戶以及利率水準，然後和其他地方做比較。

　　根據結果，你可以決定是不是只要把緊急預備金由現在無息或計息低的帳戶移到同一家銀行的貨幣市場帳戶。若合理，記得要詢問對的問題，錢才能夠開始賺到利息。為什麼銀行不早點告訴你這個訊息？你認為呢？知識就是力量的原因在此。

　　記住，有錢的人越來越有錢，是因為他們以錢滾錢，現在輪到你如法炮製了。

詢問券商，取得更好的條件

　　在大部分情況下，券商的貨幣市場帳戶收益比你當地銀行還高。有許多券商提供貨幣市場帳戶，以下幾頁的名單是其中數家而已，但這是很好的開始，極有可能已足夠讓你參考並做決定。聯絡券商時，詢問下面這些問題：

- 最低投資金額要多少？
- 我可以建立系統化投資計畫，定期將錢由支票帳戶轉至貨幣市場帳戶嗎？（確認他們可以自動化進行。）
- 如果我建立系統化投資計畫，你們會降低最低投資金額嗎？
- 你們有聯邦存款保險帳戶嗎？它的利率和一般貨幣市

場帳戶相較是多少？

- 帳戶有開支票的優惠嗎？若有，開支票最小金額是多少？有金融卡嗎？（即使除非急用你才會用到支票或金融卡，但有的話仍然很不錯，以防萬一你需要很快領到錢。）

- 餘額偏低時銀行會收費嗎？（如果餘額低於最低門檻，有的帳戶會額外收費，一定要問細節。）

要去哪裡開立貨幣市場帳戶

依據開貨幣市場帳戶所需最低金額，我列出以下銀行和券商，你應該比較哪家公司提供最好的利率和最低的費用，因為他們常推出新產品。由於利率經常變動，你看到這裡時需要檢視各個網站深入了解。

盟友銀行 Ally Bank（無須最低投資金額）
1-877-247-2559
www.ally.com

該公司成立時為通用汽車的專屬金融單位，並於金融

危機後通用汽車組織重整時分割出去成為獨立公司。現在它是具競爭力的線上銀行，提供多種儲蓄產品，利率最高達0.86％。不收管理費，不設應有餘額，不限存入與 ATM 提款次數。該公司已向聯邦存款保險公司投保，這永遠是重要的優點。

第一資本　Capital One（無須最低投資金額）

1-800-289-1992

www.capitalone.com

連上網站，點選 360 貨幣市場（360 Money Market），目前利率為 1％。如果投資額低於 10,000 美元，點進 360 存款（360 Savings），沒有最低投資金額，年收益率為 0.75％。你也可安排直接由薪資轉存，帳戶可由行動裝置進出。此外，你的資金在聯邦存款保險公司的保障金額最多 25 萬美元。

EverBank（最少1,500美元）

1-888-882-3837

www.everbank.com

EverBank 提供被稱為「收益保證」（Yield Pledge）的貨

幣市場帳戶，承諾報酬會一直在競爭帳戶的前 5%，在寫本
書時（2016 年）利率是 1.11%。EverBank 經由網路、電話、
電郵、在佛羅里達州的金融中心及全國其他業務據點為客戶
提供服務。

富達投資（最少2,500美元）
1-800-FIDELITY （343-3548-9）
www.fidelity.com

　　富達為共同基金和線上券商帳戶的領導者，它也有多個
分公司，你可前往諮詢和進行交易。富達提供多個貨幣市場
帳戶，可以開基本的貨幣市場帳戶，能開支票，最低存入金
額僅 2,500 美元。他們會郵寄申請書給你開戶，也能到分公
司親自辦理。他們也有直接存入服務及系統化投資計畫。

先鋒（最少3,000美元）
1-877-662-7447
www.vanguard.com

　　先鋒以提供成本最低和收益最高的貨幣市場帳戶著稱，
初始投入 3,000 美元，你可以開立基本的貨幣市場帳戶，能

開 250 美元或以上金額的支票。先鋒也允許直接由薪資轉帳，協助建立自動化投資計畫，由你的支票帳戶轉出。你能夠在線上或以郵寄開戶。

嘉信理財（最少2,500美元）

1-866-855-9102

www.schwab.com

　　嘉信在全國都有辦公室和簡單易用的網站，開貨幣市場帳戶最低初始金額為 2,500 美元。

安全第一

　　過去，貨幣市場帳戶是最安全的投資標的之一，幾乎和銀行定存一樣。然而在寫本書時（2016 年），利率達歷史低點，如果持續在此水準一段時間，提供它們的銀行和券商可能越來越難以產生獲利。

　　因此我強烈建議只投資在知名金融機構的貨幣市場帳戶，永遠要詢問基金成立的時間、年化報酬率和費用比例（金融機構管理基金的成本）。為了確實保護自己，你可能得接

受較低的利率，但務必選擇有聯邦保險的貨幣市場帳戶。

處理最少投入金額

　　很多券商可能告訴你要開貨幣市場帳戶一開始必須至少放 2,000 美元，如果對你來說似乎太高，別放棄，總是有解決的方法。問券商是否提供貨幣市場帳戶系統投資計畫。大部分券商有提供，一般而言，只要你簽申請書同意每月定期投資，他們會讓你開券商帳戶以最低 100 美元投入貨幣市場帳戶（但記住，如果你以此方法開戶，就沒有開支票或用金融卡的權利）。

現在讓它自動化

　　最終你要把緊急預備金和支票帳戶分開來，雖然你可以把緊急預備金和付帳單的錢放在同一個帳戶，但你不應該這麼做。把它們放同一個地方，很容易拿緊急預備金支付每月費用，結果在你發現前，緊急預備金已經沒了。

緊急預備金

1. 上網查詢各銀行的方案和匯率，選一家提供不錯貨幣市場利率的銀行或券商，然後開貨幣市場帳戶。如果你要存超過 1,000 美元，應該要找有開支票權利和金融卡的貨幣市場帳戶（但記得除非有緊急狀況否則不要動用）。若沒有那麼多錢，就選沒有開支票選項的貨幣市場帳戶。

2. 撥款到緊急備用金帳戶的最佳方式是自動化，因此首先要了解你的雇主是否會直接轉存你的薪資（再次提醒，你只要聯絡公司相關部門詢問是否可以做薪資直接轉存），如果可以，你能安排將全部或部分薪資自動存在指定的任何帳戶，雇主只要有你的帳戶即可。

3. 決定每個月存多少。我建議每個月至少要放稅後薪資的 5％ 在緊急備用金帳戶，你的雇主大概會要確切數字，所以好好計算做決定。

4. 如果你的雇主無法自動轉存到你的貨幣市場帳戶，安排自動由支票帳戶存至貨幣市場帳戶。有兩個方式，你可指示支票帳戶所在的銀行每兩週將特定金額轉到你的貨幣市場帳戶，或是可指示貨幣市場帳戶所在的銀行或券商在每個月某日定期由支票帳戶自動提款轉至你的貨幣市場帳戶，兩者都完全自動化，你應該可以在網路上設定好一切。

讓政府助你一臂之力！

我要分享一個更安全、簡單、自動化你緊急預備金的方法，美國政府現在允民眾在網路上購買儲蓄債券，如果你在為資金尋找安全且受美國政府十足信用保證的投資標的，你可能要考慮投資美國儲蓄債券。（編註：台灣可至中央銀行網站 www.cbc.gov.tw 查詢政府債券相關資訊。）

美國政府的公債網站 www.treasurydirect.gov 提供非常容易投資的方式，只要 50 美元即可自動投入兩種美國儲蓄債券：I- 債券（經通膨調整）和 EE 債券。你可在網站上找到兩者的利率。

有關通膨債券的所有事

I- 債券也稱為通膨債券，因此收益率和通膨連動，報酬是固定報酬率加上每半年依消費者物價指數計算的利率，所以如果通膨再次攀升，這類債券的報酬會上揚，你可不受限於低利率。（寫本書時 I- 債券利率為 1.64%。）

I- 債券的其他特點：

- 最低申購金額只要 25 美元（每年最多可買進 10,000 美元）。

- 一般來說利息每個月都會增加。

- 債券依面值出售，表示買 100 美元 I- 債券需要 100 美元現金。
- 債券賺取利息的時間最多到三十年。
- 儘管在五年內賣出會罰三個月利息，在持有一年後即可賣出 I- 債券（利息看來似乎有點高，但因為這些債券的利率合理，實際上並不高）。

EE 儲蓄債券

EE 債券為非通膨調整儲蓄債券，利率以五年期公債證券收益率六個月平均值的 90％計算。這聽來很複雜，但就是五年期國庫券報酬的 90％。截至 2016 年初，EE 債券利率為 0.10％，和 I- 債券一樣，儘管在五年內賣出，你會失去三個月利息，但在持有一年後即可賣掉 EE 債券。

如何自動化申購儲蓄債券

政府讓債券申購自動化十分簡易，只要連上美國政府的公債網站，即可了解如何建立自動化儲蓄債券買進計畫。政府的簡易儲蓄計畫（Easy Saver Plan）是為自動千萬富翁量身訂做的，可讓你：

- 自動從你的個人支票帳戶或存款帳戶扣款或利用薪資轉帳（如果你的公司有）買進債券。

- 只要幾分鐘即可線上開戶（或者有需要的話，也可以
  下載申請書，填寫後郵寄或傳真）。

不論哪種方式，你都贏了

你現在可能思考應該把緊急預備金放在貨幣市場帳戶還
是政府儲蓄債券才好。貨幣市場帳戶給你更大的流動性（表
示你可以輕鬆快速地拿到錢，不必扣掉罰款），但至少現在
政府儲蓄債券利率比較高（因為和貨幣市場帳戶相比是更長
期的投資），而且以很少的金額即可輕鬆自動買到。對許多
人來說，同時擁有兩種是個不錯的選擇。

如果我負債呢？

如果你欠了卡債，那應該改變進行的順序。我建議有龐
大卡債的人將重心放在清償債務，因此先在安全帳戶存相當
於一個月支出的金額即可。為什麼？因為沒有理由把錢存在
能賺取 1％的貨幣市場帳戶，同時卻要付出 20％償還卡債。

本書後面有一章會談卡債。你看完時會知道如何比大多

數人更快降低信用卡利率和脫離債務泥沼。但我們先來找出
能讓你及早致富的真實祕密：成為有房一族。

你快完成了

　　你大概很難相信，但只要把未來和緊急預備金自動化，
你就快完成整個財務計畫的自動化了。想像自己不必再擔心
錢的時刻！自動千萬富翁的境界大概是這樣，而你快要達成
目標了。

自動理財法行動步驟

複習本章列出的行動，要確保你的財務安全自動化，應該採取的行動如下。

☐ 決定你要建立的現金緩衝部位（理想上相當於三或六個月支出）。

☐ 決定你的儲蓄要賺取利息（並盡量利用你的錢）。

☐ 開立緊急預備貨幣市場帳戶或投資美國儲蓄債券建立緊急預備帳戶。

☐ 自動化緊急預備金，增加至緩衝金額能讓你感到安全為止。

第6章

自動無負債買房

　　我在本書分享的所有財務安全祕密中，有三個十分重要且有效。第一個是決定先付自己稅前收入的 10%，第二個是將其自動化，第三個是……

買房並自動付清房貸

　　在本章，我們要了解為何你應該擁有自己的房子，以及更重要的：如何自動付清房貸，才可在你老到沒辦法享有它時無債一身輕。讓我們開始吧。

　　不論你現在幾歲，都想要擁有你住的地方。為什麼？很簡單，**租房無法富有**。如同俗語所說，房東越來越有錢，而房客還是很窮。

　　想想看，你當房客，多年下來很容易就花了 50 萬美元或更多錢在租金上（每個月 1,500 美元，三十年加起來就要 54 萬美元），到最後仍然一無所有。或者，你可以買一間房子，用和租房相同的金額還清房貸，最終沒有負債，擁有自己的房子！

　　事實上，在你擁有不動產前，你並不算真的累積到財富。

你應該成為自己的第一個房東

多項研究顯示，有房一族的平均資產淨值是租屋一族的好幾倍。根據聯準會 2014 年 9 月公布的消費者財務狀況調查，房客資產淨值中間值為 5,400 美元，屋主則為 195,500 美元，換句話說，屋主比房客有錢三十六倍！是的，即使在最近房市修正後也一樣，實際上長期下來有間房子是很值得的投資。

但比錢更重要的是有房子給你的感覺。有了房子，知道你在累積財富並住在屬於自己的地方，安全感油然而生。房東可以漲你的租金或把你趕走，你不應該任由房東擺布。

因此如果你目前在租房子，最優先要做的是買個住處（房子或公寓都可以）。但你真的能夠買房並且輕鬆自動付清房貸嗎？答案是肯定的，本章會告訴你怎麼做。

無負債買房很容易

我第一次碰到麥肯泰爾夫婦時，令我印象深刻的一件事是他們買房並提早付清房貸帶來的好處。如果你還記得，他們在相對年輕的時候買第一棟房子，只不過是稍微加速付

款，不到二十年就繳完三十年期房貸。在當時，他們租出去第一棟房取得收入，再買另一棟，也不到二十年就付清貸款。

他們剛過五十歲就擁有兩棟沒有貸款的房子。而這讓他們可以提早退休，沒有債務，不動產價值將近百萬，現金流量也是正的。

我們所有人都應該過那樣的日子，事實上我們做得到！做法如下。

跨出第一步：買房子

你想當千萬富翁？如我之前所說，你真的只需要做三件事：（1）決定先付收入的 10％ 給自己，（2）自動化一切事情，（3）買房子且提早繳清貸款。

如果你認為應該不只這樣，沒錯。你必須聰明處理這些事，如我們已經看到的，說到先付錢給自己，你要自動化此程序，以稅前資金投入。買房也一樣，你必須精明地了解付款的方式，才不會浪費錢在融資上。我們稍後會詳細說明。但先來看一下為什麼買房子是件大事。

買房是重大投資的六大理由

實際上有數不清的理由能解釋為什麼買房是很好的投資，以下為前六大理由。

1. 強迫儲蓄

儘管你可能由媒體得到印象，很少人真的因喪失抵押贖回權失去房子。根據全美抵押貸款銀行家協會的數據，不到1.9％的住宅房貸遭到銀行取消贖回權，因為屋主會盡全力保住房子。所以擁有房子是某種強迫儲蓄計畫，為了保有房子，你每個月一定要提撥資金繳交房貸，這筆錢就是你的房屋淨值，這是最有效的一種投資。

2. 利用槓桿獲利

真正大咖的人都知道，有一種最有效的財務策略：利用槓桿，也就是借錢擴大獲利。你買房時也是在進行槓桿。

運作的方式如下，例如你以 20％頭期款買下價值 25 萬美元的房子，5 萬美元是自有資金，從銀行借 20 萬美元。因為你事實上只投入買價的五分之一，因此是五倍槓桿。現在假設房價未來五年攀升至 30 萬美元，由於你只投入 5 萬美元，增值了 5 萬美元使你投入的錢增加了一倍，這就是槓桿

的力量。

　　過去五年許多房價漲了一倍，想想在槓桿上的意義。如果五年前你投資 5 萬美元買下 25 萬美元的房子，現在增值至 50 萬美元，你就是賺了 25 萬美元，報酬率達到驚人的 500％。

3. 用別人的錢

　　你大概會經常在聰明的投資人之間聽到這個詞。我們之前討論過，與其為了他們的錢工作，有錢人讓錢為他們工作。真正有錢的人不僅讓錢滾錢，還拿別人的錢來滾錢。買房子就是這樣，你利用銀行的錢致富。同時你的錢可以在其他地方為你賺錢，例如在退休帳戶累積。

4. 稅務優惠

　　政府讓你扣抵房貸利息成本（最高達 100 萬美元），給予你很大的買房誘因。稅務級距越高，政府的助力越大。如果你在 30％的級距，政府基本上會補助接近三分之一的房貸（尤其是初期，每個月大部分是繳利息）。

　　（編註：此處為美國稅法。臺灣的房貸抵稅扣除額各有不同條件，可上國稅局網站查詢。）

5. 有房的成就感

有了自己的房子，你就擁有夢想。你定居下來，成為社區的一員，享受有房的成就感。這不只是種溫暖而模糊的感覺，而是給你和你愛的人真實的安全感。

6. 不動產證明是很棒的投資

對大多數人來說，他們所做的最佳投資是自己的房子（如果你的父母有房子的話可以問問他們），但這件事還成立嗎？在 1990 年代末和 20 世紀初美國房價穩定上漲的情況下，有的人開始擔心不動產泡沫化，類似我們看到不合理的「網路股」大漲。但房子不是股票，不在證交所交易，你不能點滑鼠買賣。是的，不動產價值又再次飆升，當然也有表現不好的年度和時段，但表現差的時間總是很短暫。長期而言，不動產價格幾乎都是上揚的，買房也幾乎總是有好的結果。根據全美房地產經紀人協會收集的數據，1968 年以來（數據開始統計時）不動產投資年平均報酬率為 5.3%。

但頭期款要怎麼辦？

人們延後買房最大的理由是因為他們以為自己負擔不

起，這多半是大錯特錯。尤其是想買房的人經常被頭期款嚇跑，大家經常以為需要一大筆錢才能申請房貸，這完全錯誤。開發商、借貸機構甚至政府有各種方案讓首購族融資房價的95％、97％或甚至100％。雖然借那麼多錢風險可能很大（如果你付不起每個月的貸款），仍是比存夠錢繳頭期款更快的方式，使你脫離租屋族，擁有自己的房子。（編註：台灣可查詢各銀行的信用貸款或利用建商的無息貸款方式籌備頭期款，但風險較高，需妥善評估。）

仍有幾十億資金能協助你買房

2007 年景氣衰退後，美國政府體認到有必要幫助民眾持續有能力買房。許多方案目前仍存在推動首購族、退伍軍人、農夫和其他人買房。此外政府也創造產品降低首購族整體房貸成本。

能幫助你買房的機構與公司

美國住宅及城市發展部（HUD）
www.hud.gov

　　美國住宅及城市發展部的任務是創造買房的機會，為了這個目的，它提供想購屋的人各種協助，包括幫助民眾買第一間房的權利。如果你是首購族，請上這個網站！它有許多關於如何買房、美國住宅及城市發展部會提供什麼樣的協助，以及獲取協助的資格等資源。你甚至能和機構代表線上交談並轉介到距離你最近的住宅顧問。

州住宅機構全國理事會（NCSHA）
www.ncsha.org

　　如果你是首購族，你可能有資格申請為了協助像你的民眾建立的特別州貸款方案。州住宅機構全國理事會網站包含每個州的住宅融資機構連結，許多機構提供的方案可讓你以不到 5％頭期款買房。連上此網站，點選會員名單，然後點你所在的州，查看你當地住宅融資機構的聯絡資訊。直接打電話給機構，告訴他們你是首購族，在找當地參與州住宅貸

款的銀行。

房利美（Fannie Mae）
www.fanniemae.com

又被稱為「聯邦國民抵押貸款協會」（Federal National Mortgage Association），是依據美國國會特許設立的民營公司，目的是使中低收入美國人更有能力買房。房利美不做貸款，而是提供融資，讓銀行貸款給消費者。它也有你一定覺得有用的免費資源，例如房利美管理的 knowyouroptions.com 網站，提供買房和再融資的相關教育資源，它也有免費的房貸協助及財務顧問。此外，看一下和房利美有關的網站 www.homepath.com，包含對消費者友善的「購屋者和屋主」（For Home Buyers & Homeowner）專區，內有成為屋主、找貸款機構和其他有幫助訊息的相關資源。

房地美（Freddie Mac）
www.freddiemac.com

又被稱為「聯邦住房抵押貸款公司」（Federal Home Loan Mortgage Corporation），自 1970 年以來已融資美國七

千一百萬棟房子。房地美不貸款給消費者，而是提供貸款機構融資可負擔的房貸。房地美網站很值得一看，尤其是屋主，房地美在 www.homesteps.com 也有相關網站，用以協助首購族找到住宅優惠價，以簡單的步驟獲得貸款。它列出全國法拍訊息，提供貸款方案，讓想購屋的人買法拍不動產。

可考慮的貸款方案

（編註：台灣除了各大銀行的房貸方案以外，政府有提供青年首購貸款優惠方案，請至內政部網站 pip.moi.gov.tw 查詢。）

聯邦住宅管理局貸款

聯邦住宅管理局（Federal Housing Administration）是在美國住宅及城市發展部轄下的機構，提供貸款機構房貸保險，給予它們安全性以放貸給資格可能有問題的首購族。在許多狀況下，聯邦住宅管理局貸款可達到房價的 97％，也能用來買第二或第三棟房子。要取得貸款，你必須和獲准承作聯邦住宅管理局貸款的機構合作。欲知詳情請上 www.fhaloan.com，此網站不是由聯邦住宅管理局運作，但是入門的好地方。（欲知在你區域經聯邦住宅管理局核准的貸款機

構，請上美國住宅及城市發展部網站。）

退伍軍人貸款

　　美國退伍軍人事務部（U.S. Department of Veterans Affairs）有個計畫，保證借給美國陸海空三軍退伍軍人的房貸，提供首購和二次購屋者貸款。連上美國退伍軍人事務部的網站 www.va.gov，你可以找到資源中心和推薦該部門核准的貸款機構，你可能也想看看 www.valoans.com，它不由美國退伍軍人事務部運作，但十分有幫助。

州擔保貸款

　　大多數州提供個別擔保方案協助首購族，可向你當地銀行的經理或貸款專員詢問細節。此外，如前所述，連上州住宅機構全國理事會網站了解計畫細節。

你今天付的房租足以在未來買房子

　　許多人不知道以他們今天花的租金明天就可以買房子。在寫本書時（2016 年），利率仍持續在四十五年來低點附近，你看到這段時利率可能攀升了，但就以現在的數字來計算。

簡單計算，你付的 1,000 美元月租，相當於 12.5 萬美元房貸
（包括稅和保險）。也就是，如果你目前的月租是 2,000 美元，
你可以負擔 25 萬美元的房貸，這筆數目在美國大部分地區，
都有很多選擇！

你可以買到多少錢的房子？

　　根據聯邦住宅管理局，基本原則是大多數人有能力付出
總收入的 29％買房；如果沒負債，最高可到 41％。（編註：
要查詢自己可以負擔多少房貸，台灣各大銀行的官網有提供房貸試算
服務外，房仲業者的官網也有提供試算服務。）

總年收入	每月總收入	總額的 29%	總額的 41%
$20,000	$1,667	$483	$683
$30,000	$2,500	$725	$1,025
$40,000	$3,333	$967	$1,367
$50,000	$4,176	$1,208	$1,712
$60,000	$5,000	$1,450	$2,050
$70,000	$5,833	$1,692	$2,391
$80,000	$6,667	$1,933	$2,733
$90,000	$7,500	$2,175	$3,075
$100,000	$8,333	$2,417	$3,417

　　如上表所示，如果你一年賺 5 萬美元，每個月買房的支出至少能到 1,208 美元，不論是以租金或房貸形式。記住，有房子（買房）比當房客（租房）好。看下一張表，它顯示三十年期房貸以不同利率計算的每月金額（不包括稅或保險；要把它們算在內，你需要查一下你當地的數字）。

一般房貸支出							
30 年固定利率房貸每月支出（本金加利息），不包括稅及保險。							
房貸金額	4.00%	4.50%	5.00%	5.50%	6.00%	6.50%	7.00%
$100,000	$477	$507	$537	$568	$600	$632	$668
$150,000	$716	$760	$805	$852	$899	$948	$998
$200,000	$955	$1,013	$1,074	$1,136	$1,199	$1,264	$1,331
$250,000	$1,194	$1,267	$1,342	$1,419	$1,499	$1,580	$1,663
$300,000	$1,432	$1,520	$1,610	$1,703	$1,799	$1,896	$1,996
$350,000	$1,680	$1,773	$1,879	$1,987	$2,098	$2,212	$2,329
$400,000	$1,910	$2,027	$2,147	$2,271	$2,398	$2,528	$2,661
$450,000	$2,148	$2,280	$2,415	$2,555	$2,698	$2,844	$2,994
$500,000	$2,387	$2,533	$2,684	$2,839	$2,998	$3,160	$3,327

成功的關鍵：搞定融資

我們現在來到本章最重要的部分：如何繳完房貸並自動化無負債。只買房並不夠，事實上買房經常是最容易的部分，真正的挑戰是思考你要怎麼支付。的確，讓一切在財務上可行的關鍵是找到適當的房貸種類。

房貸有很多種類，每種都有利有弊。先看看194頁的圖，了解市面上有哪些選擇，然後我再分享我的推薦，了解自動千萬富翁如何選房貸。

為什麼三十年房貸有其道理

所以我選擇的是什麼房貸？我認為大部分人的首選是三十年固定利率房貸。為什麼？首先，它很簡單。再來，它是利率偏低時很棒的選擇，因為未來三十年都將固定在一樣低的利率。

多少算低利率？過去在 8％以下都是很低的水準，2005年時，三十年房貸利率不到 6％，到了 2016 年則在 4％以下。想快速看到目前利率的位置，可查詢各大銀行的網站。

房貸類型			
30 年固定利率			
特點	好處	壞處	適合的對象
基本房貸利率，30 年期間都維持相同水準。	鎖定利率，利率上揚時提供保障。每月支付金額相同且容易追蹤及監控。	除非再融資，不然會鎖在一個利率 30 年。	如果你很保守，並計畫住很久（至少 7 到 10 年，它提供最大的利益和彈性。
15 年固定利率			
特點	好處	壞處	適合的對象
類似 30 年房貸利率，差別在貸款和利率期間為 15 年。	15 年利率低於 30 年，15 年內你即可繳清房貸沒有債務。也很容易追蹤及監控。	每月繳款金額高於 30 年房貸。	如果你真的要存錢和計畫住 10 年以上，這個方案很棒。你可鎖定利率並在 15 年內清償債務。
短期可調整利率			
特點	好處	壞處	適合的對象
利率可能固定約 6 個月到 1 年，有的利率會每個月變動。	利率可停歇一陣子，因此月繳金額比其他貸款低很多。	如果利率快速攀升，你付款可能會有問題。	一般由想盡量壓低月繳金額的人使用，最適合能因應風險和只預期住幾年的人。如果利率持續偏低，是不錯的選擇。
中期可調整利率（常稱為 3/I、5/I、7/I 或 10/I 可調整利率房貸）			
特點	好處	壞處	適合的對象
利率在一定期間內固定，每年或每 6 個月根據現行利率調整。	利率相對低。	利率固定的時間有限。如果利率上揚，月繳金額也會增加。	很適合不想長期持有不動產，尋找低利率和低月繳金額的人。你鎖定利率的時間越久，付出的金額越高，風險越低。

為什麼三十年房貸會造成財務衝擊

　　三十年房貸的優點是鎖定利率三十年，並且相對容易負擔，畢竟三十年房貸的月繳金額低於十五年房貸的。然而大部分人卻受到三十年房貸衝擊，因為我們實際上並不想用三十多年的時間買房。為什麼？若是如此，我們會負債，有付不完的房貸。

　　可惜的是，三十年房貸帶給銀行的獲利比帶給你的更多。算法很簡單，假設你買 25 萬美元的房子，獲得標準的三十年房貸，利率 5％，三十年付出的總房貸金額為 48.3 萬美元。想想看，你實際付出 48 萬買 25 萬的房子！多出的 23 萬到哪去了？它用來付房貸的利息，也就是到銀行的口袋裡，而不是進到你的房子裡。

　　對大部分人來說，三十年房貸還有一個更糟的問題，那就是他們住在房子裡的時間通常不到十年，平均只有大約五到七年。如果你現在住了七年然後賣掉，只需要付房貸本金約 4％。是的，平均來算，房貸前十年有 90％以上是用來付利息，這表示有三十年房貸的幾千萬美國人正在以這種方式浪費大筆鈔票。

如何省下你十年的努力？

如果幾乎所有的房貸都拿去付利息了，就很難無債一身輕，更別提變有錢了。然而那是大部分三十年房貸前十年的狀況，換句話說，以這類房貸而言，前十年是辛苦為銀行工作，但為自己累積的財富太少。

但有另一個選項，如果你遵守我要和你分享的系統，視房貸總額及利率而定，你可能會省下五到十年的工作所得。

無債有房的祕密系統

成為自動千萬富翁的祕密是盡量簡單，所以你要這樣做。找到想買的房子，取得三十年房貸，再用我的祕密系統。

什麼是祕密系統？就是「雙週繳房貸」的計畫，而且過程自動化。

什麼是雙週繳房貸的計畫？很高興你問了，繼續看下去……

雙週繳房貸計畫

大家都做得到，你不需要特別的房貸，只需要你原本的

房貸。你要做的是每兩週付一次貸款，而不是和以前一樣每個月付一次款。

　　來做比較簡單的計算，假設每月付 2,000 美元房貸，通常你是月繳，但不再是這樣了，下個月開始你每兩週付貸款機構 1,000 美元。這麼做，奇蹟會發生。視你的利率而定，你可以提前五到十年繳清房貸（平均約七年）！

　　你知道提前繳清房貸可省下多少錢嗎？再說一次，看你的利率，但只要照這個簡單的計畫做，美國屋主平均在房貸期間能省 5 萬美元以上。如果誘因還不夠，想像一下，你既可以沒有債務，又能比預期的時間早十年退休！

為何這是可行的？

　　雙週繳而不是月繳的結果是你每年多繳一個月貸款。（每兩個禮拜支付月繳的一半，一年付二十六次，相當於付出十三次整月的金額，比全年十二個月多一個月。）我之前說過這是個祕密系統，不過老實說，它已不再是祕密了。貸款機構很多年前早就知道，最近媒體也注意到了。和先付錢給自己一樣，它是大家可能知道但實際不會用的技巧。

4.4 萬美元的差異

　　如下一頁的比較圖所示，月繳 25 萬美元、利率 5% 的三

月繳和雙週繳的比較		
本金＝ $250,000	利率＝ 5.00%	期間＝ 30 年
月繳：$1,342.05	雙週繳：$671.03	
每月平均利息：$647.61　　相對	每兩週平均利息：$241.33	
總利息：$233,139.46	總利息：$188,722.13	
年 #	本金餘額（月繳金額）	本金餘額（雙週繳金額）
1	$246,311.59	$244,889.14
2	$242,434.47	$239,517.41
3	$238,358.99	$233,871.50
4	$234,075.00	$227,937.42
5	$229,571.83	$221,700.46
6	$224,838.27	$215,145.16
7	$219,862.54	$208,255.26
8	$214,632.23	$201,013.70
9	$209,134.34	$193,402.52
10	$203,355.16	$185,402.86
11	$197,280.31	$176,994.89
12	$190,894.66	$168,157.77
13	$184,182.30	$158,869.59
14	$177,126.53	$149,107.32
15	$169,709.77	$138,846.79
16	$161,913.56	$128,062.54
17	$153,718.47	$116,727.86
18	$145,104.12	$104,814.64
19	$136,049.03	$92,293.35
20	$126,530.67	$79,132.97
21	$116,525.33	$65,300.86
22	$106,008.10	$50,762.75
23	$94,952.79	$35,482.60
24	$83,331.86	$19,422.53
25	$71,116.39	$2,542.74
26	$58,275.95	$0.00
27	$44,778.57	$0.00
28	$30,590.64	$0.00
29	$15,676.83	$0.00
30	$0.00	$0.00
	30 年繳清	26 年繳清

十年房貸，利息總支出 233,139.46 美元。如果改成雙週繳，同樣的房貸利息支出為 188,722.13 美元。也就是說，換到雙週繳計畫可省下超過 4.4 萬美元。

要找到產生此分期償還時間表而且可輸入自己數字的計算機（免費），可連上網站 www.bankrate.com/mortgages/bi-weekly-mortgage-calculator。你很快就能計算出自己的房貸數字，為什麼要轉到雙週繳計畫的理由就很明顯了。

如何建立計畫

要建立雙週繳計畫，你只需要打電話給你的貸款機構。告訴他們下週五起你要改成每兩週繳款一次，因此你需要了解他們是否提供雙週繳款計畫。記住，這不表示你在融資或改變你的房貸。一切都意味著你想登記以有點不同的方式繳清房貸的服務，也就是每兩週繳款的方式。你的銀行或承作你貸款的公司很可能有提供這樣的計畫。

以下是每兩週自動化繳款計畫的幾個主要優點：

- 你可省下幾千美元的利息支出（也許達幾十萬美元）。
- 讓你進入強迫儲蓄系統。

- 讓你更容易管理現金流量（因為每次拿到薪水時就付房貸）。
- 你永遠都不會遲繳房貸，因為一切自動化。
- 可提早好幾年繳清房貸。

只要花五分鐘

自己建立這類計畫十分容易，如果你的房貸是一家大銀行，他們大概會轉介你到為其執行計畫的外部公司。在美國，大部分全國性主要銀行目前免費提供此服務。有的會收取一次性設定費，請他們給你詳細書面資料。

該問的問題和注意的事

在登記雙週繳房貸計畫前必須問服務公司三個最重要的問題：

- 收到我的資金時會如何處理？
- 何時會確實將額外款項撥至貸款？
- 利用此方案要多少費用？

這三個問題很重要，理由如下。有的公司會保留你額外的資金，將一年（或是在月底）總額一次送至貸款機構，那不是你希望的方法，你要的是公司盡快拿額外資金付房貸，

這樣才可快速繳清房貸。你也需要了解其中的費用，把它和你將提出的儲蓄做比較，如此你的決策才周全。

如果不透過貸款機構，我如何自己建立計畫？

照理說，你應該要能夠自己建立這類的計畫，但遺憾的是，你不能。如果你沒有事先和機構申請，就將月繳金額減半，每兩週轉帳一次，銀行會把錢退回去，因為銀行會不知道怎麼處理。你可以打電話向銀行確認是否能這麼做，不過我的經驗是他們通常會說：「沒辦法」。

沒有費用、零風險、無困擾的解決方法

如果你讀完了我的意見，還是覺得不太想建立雙週繳清房貸的計畫，卻想要達成一樣的結果，以下有兩個簡單的方式，不用負擔額外費用，也不會帶來風險或困擾。

無費用方式 ①

不論你要繳多少房貸，只要每個月加 10％。以 198 頁

的例子來說，月繳 1,342 美元，10％是 134 美元，如果每個月多繳 134 美元（也就是繳 1,476 美元給銀行），你最後會在二十五年內繳清房貸，且整個貸款期間能省下約 4.4 萬美元。若要自己計算，請連上 www.bankrate.com/mortgages/additional-mortgage-payment-calculator。如果你不想自己進行，只要聯絡銀行，告訴他們你想多付 10％，請他們以電郵或郵寄分期償還時程表，他們應該願意在幾分鐘內免費提供。

再次強調，讓此運作的關鍵在自動化，如果你像大多數人一樣，大概不太可能每次都主動支付 110％的金額，不論你的生活中發生了什麼事，你都找得到理由說這個月不是額外付房貸的好時機。

避免這個陷阱的方法就是自動化，安排由你的帳戶自動轉帳付房貸。

無費用方式 ②

無論你的房貸有多少，一年只要找一個月付兩次房貸，等於一年多付一個月房貸。我建議你在五月或六月做，希望是你剛收到退稅後。（編註：美國的稅制與台灣不同，可自行挑選財務較寬鬆的月分做。）不管你選哪個月，別一次支付給銀行兩倍的還款金額，因為會把他們弄糊塗，而是要付兩次每月還款金額，額外說明一筆是當期的月付金額，一筆用來償還

本金。這和多付 10% 計畫一樣，既能省下成本，又沒有額外費用。

該問銀行的問題

不論你選擇哪一種方式，你應該先問銀行或房貸公司幾個問題。

Q：我可以付額外金額繳房貸，而不會有罰款嗎？

A：答案應該是肯定的（你永遠都不應該申辦有還款罰則的房貸）。

Q：如果我繳超過規定房貸的金額，我要如何做才能確定這筆錢會拿來償還本金？

A：你一定要問這個問題！十分令人吃驚的是，大部分銀行的標準程序是將這筆錢放在不計息帳戶，不會拿來償付房貸。銀行大概會告訴你必須寄封信特別要求這筆金額支付本金（詢問他們是否有為此製作的制式信函可以簽署）。有些銀行甚至可能要求你另外付那筆額外金額（多出來的10%）。如果你自動化房貸繳款，這應該是件小事，你的銀行只要當月同一天自動轉帳兩筆資金即可。最後，即使他們告訴你會照做，我強烈建議你每個月仍然要仔細察看房貸表

單。核對房貸的本金是否真的有減少；如果沒有，那就是有地方出了差錯。

如果我不打算住三十年呢？

之前我提到一般屋主居住的時間不到十年，那為什麼要費心提早付清房貸，如果你也許會賣掉房子搬走呢？

答案是強迫儲蓄，你越快繳完房貸，就能越快在房子上累積淨值。賣掉房子後，淨值換成了現金。到那時，這筆費用將可以拿來幫助你以較少的房貸買新房子或增加你的積蓄，兩者都很棒。

善用雙週繳房貸計畫

有的銀行不鼓勵這類計畫。為什麼？基本理由很明顯：錢！如果你花三十年繳款，銀行可以賺很多錢，二十年比較少。

還有其他原因。如果額外繳款，銀行要花比月繳更大的功夫處理你的錢，提高營運成本。但那是他們的問題，不是

你的。身為自動千萬富翁，你的重點在存錢和早日擺脫債務。
這是雙週繳計畫或每個月多付點有其道理的原因，這個點子
如果適當執行，報酬很可能是你買這本書的三千倍左右。更
重要的是，它可以讓你更富有而且能提早退休。**當你善用資
訊的時候，資訊就是力量。**

自動理財法行動步驟

以下是你現在應該採取的行動，以自動成為沒有債務的屋主。

☐ 如果你還沒有自己的房子，下決心買房。

☐ 上 www.lendingtree.com 或 www.eloan.com，計算你可以負擔的房子，兩個網站都有很棒的計算機可利用。

☐ 上 www.bankrate.com，使用它的計算機，了解雙週繳的話要存多少錢。

☐ 決定提早繳清房貸，不論是每兩週繳一次，每個月額外多付一點，還是每一年找一個月多付一次。

☐ 如果你對雙週繳計畫有興趣，聯絡你的銀行，詢問他們是否提供這類計畫，或轉介到有承作的公司。

☐ 不論你決定如何付房貸，將其自動化。

既然你學到無債買房的祕密，我們來看看如何克服妨礙大多數人變有錢的障礙：卡債的致命財務陷阱。

第 7 章

自動遠離債務

　　對大部分的人來說，債務可能是迫使我們不得不延長工作生涯的陷阱。讓我們債台高築的是不良的習慣，例如高額的信用卡未繳帳款，而且償還（如果真的有的話）的速度很慢。你可以遭受這種習慣的傷害和控制，也可以採取行動改變它們。本書還有一個最重要的課題：不背債。

　　在這一章，你會學到一系列具體步驟讓你重新掌控你的信用卡，並在未來遠離債務。如果你剛好沒有信用卡，你還是應該看這章，因為它會刺激你維持無債的狀態。

借錢來賺錢，別虧掉了

　　麥肯泰爾夫婦總是避開卡債的一個原因是他們由很傳統、經濟大蕭條世代的父母所養育成人。如果你認識經歷過 1930 年代大蕭條的人，你可能聽過他們的故事，赤貧千里，大家沒工作也沒錢。

　　雖然有的商店提供給好客戶使用信用消費，但我們現在知道的信用卡當時並不存在。意思是如果你的錢不夠，麻煩就大了。因此走出大蕭條的人很不喜歡背債，而且深信儲蓄的重要性。問經歷過大蕭條的人對債務的看法，我相信你會得到類似這樣的答案：借錢只有在你買會增值的東西（像房

子）時才合理。我認為最近的景氣衰退會讓大家立即且痛苦
地回想起這些原則。

老實說：你是虛有其表的人嗎？

在美國德州有個俗語形容虛有其表的人：「戴頂大牛仔
帽卻沒有牛的傢伙」。這個人可能看來是個富有的牧場主人，
但事實上他沒有牧場、沒有牛，一無所有，只有頂大帽子（大
概還有台好車）。

我每天和看起來很有錢的人會面，你大概也碰過這些
人。他們穿華服，開好車，甚至有時住好房子。但實際分析
他們的財務時，才發現他們並沒擁有穿的、開的或住的東西，
全都是租來或用信用卡付的。他們真正擁有的是龐大的卡
債。那你呢？

美國家庭平均欠 8,400 美元的卡債

美國人的卡債總計達 5,000 億美元（只有卡債，不包含
車貸、房貸或其他債務）。相當於每戶家庭欠 8,400 美元。

為什麼大部分美國人要用餘生付清卡債

現在，你認為大部分人每個月收到信用卡帳單時會怎麼處理？如果你說他們付最低應繳金額，就答對了。

猜猜看在卡債餘額 8,400 美元、18％利息下，每個月只付最低應繳金額，最後繳清的代價是多少？答案是 20,615 美元。等等，事實上更糟，**以這個利率，要三十年才繳得完。**

如果卡債餘額 8,400 美元，每月只付最低應繳金額，你得分三百六十五次月繳才可清償，即三十年又五個月。而那是假設你永遠不用支付其他費用、不繳滯納金也沒有年費。

你能想像嗎？18％的信用卡年利率要繳三十年又五個月，而許多信用卡的利率更高，有的甚至達到 29％。

重點是，如果你沒繳清卡債又只付最低應繳金額，你沒辦法成為自動千萬富翁，你做到的只是讓信用卡公司變有錢，然後自己變很窮。

一天購物的錢，怎麼要花三十年才能繳完

卡債最危險的地方可能是很容易陷進去，例如許多零售商常見的做法是提供折扣，如果你同意辦簽帳卡，運作方式如下：想像你在全國服飾連鎖店的暢貨中心選了價值 1,100

美元的成套服裝（例如三件襯衫、兩件毛衣、一件褲子或洋裝、一雙鞋子）。付錢時，一位很有禮貌、活潑又好看的銷售人員對你微笑問說：「你希望今天買的東西打九折嗎？你知道只要花個一分鐘開設簽帳帳戶，就能省下 100 多塊嗎？」

通常試著讓自己看起來很精明的顧客會想：「哇，超棒，省 100 塊！辦了！」

現在，想像你收到帳單，只繳最低金額（正好是零售商希望的事）。如果利率 18％，1,000 美元的餘額會讓你付一百五十三次或近三十年才繳完。到那時衣服早已丟了，買 1,000 美元最後付了 2,100 多美元。這對商店是很棒的交易，對你則是糟糕透頂的事。

所以我建議在活潑的銷售人員問你要不要辦商店簽帳卡得到折扣時，你應該這麼做……

說「不要」

跟著我說。

不要。

不，我不要信用卡。

不，我不要九折。

不，我不要六個月零利率。

不要。

不・要。

不・要！

你欠了多少錢？

我希望你受到強烈的刺激，決定脫離並遠離債務。

所以請回答以下問題，你有卡債嗎？

是的，我有⋯⋯但不會持續太久。

我的名下有＿＿＿＿＿＿（寫下數字）張信用卡。

我的配偶／夥伴名下有＿＿＿＿＿張信用卡。

我的小孩（或其他受撫養親屬）名下有＿＿張信用卡。

所有信用卡目前欠的餘額是＿＿＿＿＿元。

繳卡債餘額的平均利率是＿＿＿＿＿％。

小心權宜之計

重要的是對於卡債要實際，你不可能一夜之間解決問題，卡債也許是長期累積下來的爛攤子，你可能也要花很長時間脫離泥淖。

考慮到這點，你應該懷疑所謂專家聲稱他們可以用某些神奇的權宜之計解決你所有信用問題。如果你淹沒在債務中，有良好聲譽的信用諮詢公司可協助你擬定計畫償債。其中一家評價最高的轉介服務機構是全美信用諮詢基金會（National Foundation for Credit Counseling，NFCC）。

全美信用諮詢基金會是美國歷史最悠久的消費者諮詢非營利組織，從事預算、信用和解決債務問題的教育工作，在全美都有附屬機構，你可以連上網站 www.nfcc.org 尋找最近的機構。

另外，你也可以選擇聯絡消費者信用諮詢服務機構（Consumer Credit Counseling Service，CCCS），他們會轉介你到附近可協助你的非營利信用諮詢團體。你打電話安排和他們會面時，盡量試著了解他們可以和無法幫助你的事項。問他們一個重要的問題：利用他們的服務是否會傷害你的信用評分。在你向任何機構登記前，聯絡商業改進局（Better Business Bureau）詢問該機構是否有投訴紀錄。

不再背債行動

好，現在來看看有效方法。有五個具體步驟能使你脫離債務，不再背債。

步驟一：停止挖洞

讓我們從基本的事情開始，如果你陷在卡債的困境中，想要擺脫它，你應該停止挖洞。

什麼意思？為了阻止你自己挖更深的洞，或許應該丟掉你的鏟子，也就是丟掉信用卡。畢竟，想脫離卡債而皮夾裡卻有張信用卡，就好像要戒酒身邊卻帶著瓶伏特加一樣。

在此說一下我的親身經驗。我曾經有很嚴重的卡債問題（在大學時，我的卡債高達一萬多美元，用來買衣服、傢俱、音響設備和其他不需要也付不起的東西）。嘗試了所有自我控制的方法後，我發現唯一有用的就是購物時別帶信用卡。

步驟二：重新協商債務利率

採取行動防止事態惡化後，你可以開始試著使目前的狀況好轉。基本目標是盡可能使付清卡債的過程簡單明瞭。最容易又有效的方法是讓信用卡公司降低收取的利率。以下是你要做的事。

1. 找出你付的利息。

拿出你的信用卡單據看小字的內容。你的餘額目前利率是多少？如果你找不到，打電話給公司，詢問付出的利率。告訴他們你要知道實際利率，不是超出基本放款利率的部分，他們會了解這個問題，依法必須照實回答。

2. 要求較低的利率。

找出目前付的利率後，告訴信用卡公司利率太高，你要降低（所有你名下的信用卡帳戶都要這麼做）。如果公司拒絕，告訴他們你這星期要關閉帳戶，把餘額轉到利率更好的競爭對手。為了顯示你是認真的，告訴他們你記得的競爭對手名字（應該不困難，因為你大概一直收到信用卡公司的郵件，要你轉移餘額到他們那裡）。順帶一提，別浪費時間在接電話的第一個客服代表上，要求和管理者說話。管理者有權在電話上給你較低的利率。在許多情況下，只要問了，你的利率就可以減半，甚至能讓他們減免信用卡年費。

3. 整合你的債務。

如果你有好幾張信用卡，要輕易脫離債務一個很有效的方式是整合所有餘額到一張卡。再次提醒，你只要「問一下」。在你和信用卡公司協商降低利率時，告訴他們你準備

把所有卡債轉至提供你最低利率的公司。多少才是低？這個嘛，精明的談判者總是會先做點研究。連上 www.bankrate. com 或 credit.com 網站，看看信用卡利率全國平均值，然後要求減半。更好的方法是詢問信用卡公司對像你這樣願意整合債務的客戶可以提供什麼優惠。讓他們推銷！你可能發現為了得到你的生意，其中一家公司會建議免除六個月的所有利息費用。若是如此，請注意，務必詢問第七個月的利率是多少。利率也許會跳到 25％，到時你需要再次轉到新的信用卡公司。當然，我不是要你玩卡債洗牌遊戲，而是盡可能找到最低利率，然後照接下來的三個步驟完全脫離債務。

步驟三：為過去付出代價，為未來付錢

　　先前，我們看到你能累積的財富取決於你生命中的現金流量，因此我建議你將先付自己稅前收入的 10％ 設為目標，但如果你有卡債，你需要不同的計畫。

　　我對有卡債的人建議如下，不論你決定先付自己多少錢，分成兩半，一半給自己，另一半償債。

　　假設你的年收入 5 萬美元，決定先付自己稅前收入的 10％。通常表示你每年要存 5,000 美元，或一個月 416 美元。但你如果有卡債，把一個月 416 美元分開，為自己存 208 美元，208 美元償債。

　　我建議如此分拆「先付錢給自己」資金的原因，是這樣做你不僅能保有未來，還能脫離債務。這裡牽涉到感情上和財務上的理由，同時做到這兩部分你將感覺到自己在向前走，存了錢也減了債。

　　如果你要把所有能用的現金用來償債，想在付清卡債後才開始存錢，大概要多年後才可能存到錢。這太消極了，還會使許多照著做的人很灰心，提早放棄，永遠存不了錢。

　　我將我的系統稱為「埋葬過去，躍向未來」，嘗試一下，很有效。

步驟四：清償剪卡

　　如上所述，擺脫卡債最容易又有效的方式是整合所有餘額到一個帳戶，然後，像我在步驟三的建議，用「先付錢給自己」資金的一半償債。如果為了某些理由（例如你欠太多錢，沒有公司願意給你足夠的信用額度）你無法整合債務，該怎麼辦？答案是用「清償剪卡」（Done On Last Payment，DOLP）的方式清理你的債務。

　　我最先在《富足退休練習簿》，然後是創造「債務節食系列」時在《歐普拉秀》，接著是在我的著作《無債一生輕》中提到了這套系統。基本概念是清償所有餘額，結清全部信用卡帳戶，澈底脫離卡債。也就是說，付完最後一筆卡債就

剪卡。

當然，如果你有多張信用卡，光是要想辦法全都付清就令人卻步。你是同時每張卡都付一點錢？或應該一次只集中在一張卡？若是如此，從哪張開始？這是清償剪卡系統發揮作用的地方。以下是你要做的事。

1. 列出每張信用卡帳戶目前的餘額。

每筆餘額除以特定信用卡公司要求的最低應繳金額，結果就是此帳戶的清償剪卡數字。舉例來說，你的 VISA 卡餘額為 500 美元，最低應繳金額 50 美元。總債務（500 美元）除以最低應繳金額（50 美元），清償剪卡數字為 10。

算出每個帳戶的清償剪卡數字後，由低而高排序，清償剪卡數字最低的帳戶排最前面，第二低的排第二，以此類推。下表為你的名單應該呈現的樣子。

帳戶	餘額	每月最低應繳金額	清償剪卡（餘額除以最低應繳金額）	清償剪卡排名（清償剪卡數字最低者排第一）
Visa	500	50	10	1
MasterCard	775	65	12	2
Sears card	1150	35	33	3

現在你知道應該付清各個卡債餘額最有效率的順序了，把「先付錢給自己」資金的一半拿去還清償剪卡數字最低的卡，其他卡則只付最低應繳金額。

在以上例子中，清償剪卡數字最低的是 VISA 卡，因此每個月你要將「先付錢給自己」資金的一半用來減少 VISA 卡的餘額，其他卡則付最低應繳金額。完全繳清 VISA 卡餘額後把卡剪掉，接著專注在數字第二低的信用卡，此處為 MasterCard。

你應該持續進行，直到清償所有卡債。你可以在下方的空白表格中填入自己的清償剪卡名單。

帳戶	餘額	每月最低應繳金額	清償剪卡（餘額除以最低應繳金額）	清償剪卡排名（清償剪卡數字最低者排第一）

步驟五：現在自動化

　　建立卡債自動化付款計畫很簡單，只要打電話給你的信用卡公司，告訴他們要安排支票帳戶每個月自動扣款繳費。如果他們做不到，聯絡你的銀行看他們是否能提供線上帳單支付服務，可讓你安排每個月在特定日期由你的支票帳戶自動轉帳到信用卡公司。如我前面的說明，扣款金額應該是你決定付錢給自己資金的一半。

自動理財法行動步驟

　　回顧本章列出的步驟，以下為想要擺脫卡債你應該立刻進行的行動⋯⋯用自動化的方式。

☐　別帶信用卡。

☐　重新協商你的利率。

☐　整合債務，如果不可能，開始「清償剪卡」計畫。

☐　決定用「先付錢給自己」資金的一半去償還餘額。

☐　自動化，安排信用卡公司每個月由支票帳戶轉帳繳款。

　　我們快完成了。本書還有一章，包含許多想成為自動千萬富翁的人沒想到但應該做的事：如何透過捐獻變有錢。確切的說，如何自動化你的慈善捐獻和奉獻，讓世界變得更好。

第 8 章

自動奉獻，讓世界不一樣

「我們靠所得來謀生，但靠給予來創造生活。」

——邱吉爾

買這本書並讀到最後一章，讓你變得十分特別，很多人買有關金錢的書，但很少人真的從頭讀到尾。所以恭喜你，我希望你受到啟發，採取某些從長遠來看會大大影響你生命的簡單行動。

你一路看下來學到的原則是自動化累積財富和建立財務安全的實證策略。它們不受時空限制，加以執行你就會實現財務夢想。但不要只看結果，你應該享受過程。

成為自動千萬富翁不只和累積財富有關，也和釋放未來的壓力和煩惱有關，將自己放在可以享受現在和未來的境地；自動化計畫不只將改變你的未來，應該也改變了你現在的生活。

因此，我想和你分享旅程中的最後一個步驟，會馬上讓你感覺自己像個自動千萬富翁，即使你可能還要好幾年才真的是。要怎麼做呢？成為「儲蓄者」的同時，也成為「奉獻者」。確切地說，利用使你成為自動千萬富翁的工具改善世界。

生命中有比錢更重要的東西

「生命中有比錢更重要的東西」的概念對正在讀這本書學習變有錢的你來說可能有點奇怪，但這是事實，大家在心底都知道這件事。

別誤解我，錢是好東西，而我誠心希望你得到想要的財富。俗話說，我有錢過也窮過，而有錢總是比較好。但金錢不會給你生命的意義，真的不會。

我們為什麼追求財富？我想我們不是為了錢能帶給我們的東西（儘管可能很美好），而是追求一種感覺。一直以來，我們相信自己想要的是好車、數百萬美元的銀行戶頭、大房子、退休金或小孩的教育費，但最終我們真心想要的，其實是這些東西帶給你的感受。

這裡有些東西值得思考，你現在可能以為離你的財務目標還很遠，但這之間的距離比你以為的近很多。事實上，即使你大概不會在幾年內成為富翁，但很可能未來幾星期你會開始體會到前述那種感受。想知道怎麼做到嗎？

由奉獻達到這一切

我接下來要分享的是一套歷史和文明一樣悠久的系統，叫做奉獻。

到底什麼是奉獻？奉獻是回饋社會的積極做法，是許多傳統共同的精神原則，指出你應該回饋一部分得到的東西。幸運享有財富的人有責任做好事，貢獻時間、想法和金錢幫助他人。奉獻很棒的一點是，你在奉獻時會浮現經常在獲得物質事物後得到的感受，你就是覺得很棒。

我們以為更多錢和更多東西會使我們覺得很美好。你有沒有過非常想要某樣東西，卻在得到後沒幾天就失去興奮感，莫名覺得空虛和失望？奉獻則不一樣，你付出越多，感覺越好。

你可能聽過的事

你對奉獻的概念大概不陌生。你極有可能是在宗教場合，例如教堂、廟宇或清真寺第一次聽到這個詞。這個詞源自盎格魯薩克遜語的「十分之一」（tenth），原本的概念是你每年應捐出土地收成的 10％ 做公益。但奉獻不只是比例和

農業生產力，奉獻不是遵循傳統、消除罪惡或期望未來有回報，捐贈實際上是為了純粹的喜悅。

這裡有個令人驚喜的地方，雖然你應該只為了奉獻而給予，實際上豐盛會回流到捐贈的人身上。給予越多，回流到你身上的越多。豐盛之流帶給我們更多喜悅、更多愛、更多財富和更多生命的意義。一般而言，你給的越多，越感到富有。而這不只是感受，似乎有點奇怪，事實是金錢經常更快速地流到奉獻的人身上。為什麼？因為奉獻者會吸引豐盛（而非匱乏）到他們的生命中。

美國人是很慷慨的族群

作為一個族群，美國人的奉獻非常驚人。光是去年（2015年）我們就捐出約 3,580 億美元善款，超過四分之三是來自個人，實際上每十戶美國家庭有九戶捐錢給一個或多個慈善團體；此外，約九千三百萬成人從事某種義工，每週平均奉獻四個多小時。

這是令人印象很深刻的紀錄，更驚人的是，這些奉獻全都是自願的，代表人們只想讓這世界變得更好。當然，對捐款給合格慈善機構的人政府有減稅優惠，而成為慈善家能夠

改善公眾形象，但歸結下來，大部分的捐獻是真心誠意的。

如何捐獻？

你應該捐獻嗎？最終這是個人決定。然而，我建議如果你現在還沒做，可以嘗試一下，開始捐出部分收入到一些值得投入的團體。你能夠捐出傳統上捐獻的比例 10％，可以更多，也可以少一點。如我所說，捐獻是個人的事，和比例無關，而是和樂於給予有關。重要的是你可以開始這麼做。

你可能想從小額開始，例如收入的 1％，再隨著時間增加捐款額度，就像我建議你開始付錢給自己那樣。開始這個過程不只能改變你的命運，還能幫助其他人。

如果這很吸引你，看看接下來的捐獻五步驟計畫。如果你處在一段感情關係中，和你的伴侶討論一下，看看是否適合這麼做。若覺得可行，試試看，你會很驚訝地發現為他人做事自己也將受惠良多。

步驟一：投入捐獻

捐獻要產生作用，需要持續地投入，和先付錢給自己一樣。如果你每次領到薪水後捐出一定比例的收入，你會收集

不少捐款紀錄。你若是等到年底看還「剩多少」，最後就會捐得比較少甚至捐不出來。

　　既然你已付清卡債，我不建議你再負債來捐錢。選擇你覺得恰當且可以掌控的比例，完成後，以書面承諾要持續捐出這個金額。

捐獻承諾

自_____日（寫下日期）開始，我要捐出_____％的收入做公益。

簽名：_____

步驟二：現在進行自動化

　　不論你決定捐多少，安排由你的帳戶定期自動轉出，如今這樣做比以前容易很多。大部分慈善團體很樂於幫助你安排自動轉出的時程（他們定期自動由帳戶扣款），其中很多只需要花幾分鐘在網路上進行。如果你不太想要讓慈善機構由你的銀行帳戶扣款，你也許能在銀行線上帳單支付系統做自動轉帳，大多數銀行會提供此服務，只需要打電話給銀行詢問。

步驟三：捐款前研究慈善機構

要捐到哪裡全都由你決定，最重要的是確定你捐款的機構真的運用募集的資金去幫助人或投入公益事業。大型慈善事業的管理成本可能吃掉捐款很大的比重，這會導致許多機構最後將大部分捐款花在自己的薪水和辦公室管銷費用，而不是他們應該幫助的人身上。

沒多久以前，我深入參與對我很重要的公益事務，我獻出一星期的時間募到近 2 萬美元的捐款，之後卻發現不到 40％的款項確實用在公益；雖然仍然帶來很大的幫助，但我很失望這當中有很大比例的捐款沒用於需要幫助的人。現在幾乎沒有慈善機構能百分之百運用募得的款項，但他們當然能達到 40％以上。此外，也有專家建議尋找能運用至少 75％募集款項的慈善機構，盡量避開管銷、管理和募款成本偏高且運用比例不到 50％的機構。

做個聰明的捐款者，在你捐獻前，做點研究及問些問題。以下為可協助你了解潛在受助者的組織名單。（編註：台灣可至台灣公益資訊中心 www.npo.org.tw 查詢相關資訊。）

WWW.JUSTGIVE.ORG

這個對用戶友善的網站是個好起點，提供一百多萬個公

共慈善機構的連結和資訊，包括完整報告及財務紀錄。網站
目的是協助你找到對你意義最重大的慈善機構，能處理和記
錄你的捐款。

WWW.GIVE.ORG

　　這是 2001 年「美國國家慈善資訊局」（National
Charities Information Bureau）和「優良事務局基金會與其
慈善諮詢服務委員會」（Council of Better Business Bureaus
Foundation and its Philanthropic Advisory Service）合併成立的
非營利資訊整合機構「優良事務局智慧捐贈聯盟」（BBB
Wise Giving Alliance）。聯盟收集和發布幾百個在全國募款
或有全國性或國際性計畫服務的非營利組織資訊，在你捐獻
前，肯定應該先看看他們對你想捐獻之機構的評價。

WWW.GUIDESTAR.ORG

　　成立於 1994 年，指南星（Guidestar）的目標是使公益
捐獻進行得更流暢，替負責任的慈善家去做知道他們應該但
不一定有時間做的實質審查。網站收錄豐富且很有幫助的資
料，涵蓋一百八十多萬個慈善機構。輸入你有興趣的機構，

幾秒內即可找到你需要的所有資料，包括財務數字和評等
（假設他們提交了他們的數據）。

WWW.CHARITYNAVIGATOR.ORG

　　慈善導航網（Charity Navigator）於 2001 年成立，為美
國最大和最受歡迎的慈善評價機構。我喜歡這個網站的地方
是除了客觀、公正以數字為基礎的評等系統，它評估的機構
很多（目前達八千多個）。它本身也是非營利慈善機構，不
接受來自他們評估機構的資金。

捐獻的另一個方式：貢獻時間和才能

　　如果你現在真的沒辦法捐款，可以考慮捐出非金錢的東
西，例如你的時間。捲起袖子親自參與能帶給你更大的喜悅，
而且大部分機構都可受惠。以下為幾個很棒的網站可協助你
開始貢獻時間給其他人。多年以來許多我的讀者分享，只要
參與公益活動就能幫助他們馬上感到更富有，這個名單可幫
助你找到附近符合你需求和信念的機構。

- www.volunteermatch.org
- www.idealist.org
- www.charities.org

- www.nationalservices.org/
- www.mentoring.org
- www.score.org

WWW.IRS.GOV

在你捐款到任何機構前，應該確定它是由美國國稅局認可，在稅法 501(c)(3) 項下規範的有誠信免稅慈善機構。要查看狀況，可上美國國稅局網站要求印刷品 #526 慈善捐獻（Charitable Contributions），其中包括你應該了解的慈善捐獻所有細節，並為了報稅目的做捐款紀錄。

步驟四：記錄你可抵稅的捐款

為鼓勵美國人捐更多錢，美國政府長久以來允許納稅人扣除給合格慈善機構的捐款。視你捐出的金額而定，你最多可以抵銷 50％的收入。

當然，只因為一個組織自稱慈善機構不代表美國國稅局會讓你扣除捐給它的錢。捐款要符合扣除資格，該組織必須正式申請並在稅法 501(c)(3) 項下取得免稅資格。如上所述，你可以上美國國稅局網站查核特定機構。

若是捐款不到 250 美元，美國國稅局會要求你保有某種

形式的紀錄，如已付的支票、接受者的信函、收據，或是能證明捐款地點和時間的銀行或信用卡對帳單。如果超過 250 美元，美國國稅局就要慈善機構的書面感謝信。

你應該了解不是所有慈善捐獻都可以 100％抵稅，假設你花 500 美元買慈善活動門票，如高爾夫球比賽或晚餐會，因為你的捐款已得到回報，所以只有一部分捐款可扣除，慈善機構應該能告知你的捐款實際上可扣除多少比例。

步驟五：找「捐贈者建議基金」

近年來，出現一種新的共同基金投資，叫做「捐贈者建議基金」（donor advised funds，DAF）或慈善基金（charity funds），專門為有意從事公益活動的投資人設計，讓捐贈者能為了未來的慈善利益投資，但是現在就獲得扣抵稅負的好處。

這些基金提供多種利益，包括：

可立刻抵稅。 你的錢存進其中一檔這類基金，當年就可根據美國國稅局限制抵稅，即使資金可能未來才會真的到慈善機構手中。慈善機構能得到更多資金。這些基金很棒的一點是他們提供稅賦優惠給想捐出能大幅增值之證券的人。假設你買了未來價格大漲的股票或基金，你不必賣出，付高昂的資本利得稅，然後捐出剩下的金額，只要將股票存入慈善

基金即可。你馬上可抵稅，而投資能持續成長且免稅，直到
你指示基金開支票給選擇的機構；支票金額一定比直接賣出
捐給機構大很多。

壓力較小。這些基金很適合知道想捐款（也想現在就扣
抵稅負），但不知道要捐給什麼機構的人。你只要把捐款放
到基金中，得到扣抵，有空時再決定適合的機構。

創造遺續。隨著你的財富累積（因為你的貢獻，一定
會），你越來越有能力持續改變世界。捐贈人基金使你能真
正為你的家庭建立慈善基礎，因為可多人放資金到基金中。

重要的是要了解你投資這類基金，你創造的禮物將持續
下去，無法收回。資金必須留在基金中直到你指示基金送給
機構。

以下三個是值得考慮的現有捐贈人基金，撰寫此書的時
候（2016 年）每檔基金最低初始投資金額為 5,000 美元，後
續投入的金額在富達沒有限制，嘉信理財和普信最少要 500
美元。

- 富達慈善捐贈基金
  （Fidelity Charitable Gift Fund）
  www.fideitycharitable.org
- 嘉信慈善捐贈基金

　（Schwab Fund for Charitable Giving）

　www.schwabcharitable.org

● 普信慈善捐贈基金

　（The T. Rowe Price Program for Charitable Giving）

　www.programforgiving.org

某些全球最富有的人在有錢之前就捐款了

　　如果你研究當今偉大的領導者、高瞻遠矚者和企業家，會很意外地發現他們許多人都有個共通點：早在他們有錢之前就開始捐款了。

　　很有代表性的例子是約翰・坦伯頓爵士（Sir John Templeton），他是當今全球最偉大的投資人，除此之外，他的慈善行為和他的投資長才一樣廣為人知。他並不是在成為億萬富翁之後才捐款，他從很久以前就是捐款人，就連他幾乎付不出房租的時期也是。

　　回到坦伯頓和他太太一星期只賺 50 美元的時期，當時他們付收入的 50% 給自己，與此同時仍然設法捐款。而他成為了億萬富翁。

　　嗯……值得思考一下吧？

自動理財法行動步驟

回顧本章列出的步驟，以下為你應該考慮進行的動作，以成為自動捐款人。

☐　決定要投入多少比例的收入捐款。

☐　選個你在乎、信任和研究過的慈善機構。

☐　每個月或每半個月自動化慈善捐款。

☐　做捐款紀錄以抵稅。

第 9 章

千萬富翁自動化藍圖

自本書首次出版以來，我在 244 頁用「藍圖」和示意圖教導數十萬人如何在一小時內自動處理他們的財務生活。我在思考是否要把這章放進週年版，因為擔心可能改變書的走向。但之後我決定：把「藍圖」和示意圖放在最後（就是現在這裡），你一定要看一下。我認為這圖表可以回答你可能想問的任何問題，並激勵你行動，如果你還沒動作的話。

所以把這章當成你即將開始過的自動理財生活的「小抄」，它也是這本書很好的摘要，你也能和親朋好友分享，你知道他們可能讀不了整本，即使他們應該，對吧？準備好了嗎？很好，讓我們最後再來一次！

幾分鐘內自動化你的計畫

在本書，你學到今年必須做到的幾個很簡單的事，將你的財務狀況拉回正軌。它們大多是關於把大筆賺來的錢用於特定目的：緊急預備帳戶、退休計畫、償還房貸和卡債等。這些都是不受時間限制且經過實證的策略，把它們結合在一起，能讓你建立財務安全和一生財務自由。

如果你遵循本書的行動步驟與 244 頁的示意圖，就能真正擁有極為簡單、不必動腦、「設定好就忘掉」的財務計畫，

而我保證一定有效果。不到一小時你就可以井井有條搞定系統。研究步驟並遵循示意圖。然後我們來自動化！

一小時內自動化一切事情

1. 自動先付錢給自己。

在第三章，我說明了在政府以預扣稅瓜分你的收入前先付錢給自己的重要性，至少將收入的 5％直接由薪資轉到 401(k)、IRA 或類似的合格退休帳戶。理想上，扣除額應該達到 12.5％的收入（相當於每天一小時的工資）。但不論你可以投入多少比例，務必把程序自動化。好消息是薪資扣款是大部分 401(k) 計畫的標準功能，只要你加入了，你的提撥就會直接由薪資扣款。如果你無法馬上存更多錢，而你現在的計畫有「自動增加」服務，好好利用它。

如果你自本書初版以來即自動化存錢，2007 ～ 2009 年股市回檔應該給了你很好的機會以便宜的價格買進股票。雖然其他人陷入恐慌並退出市場（賣在低點），你應該一直投入，在股票最便宜的時候買進。這件事會再次發生，而發生時，先把自動投資計畫放在一邊，並持續「以低價」買進股票。

如果你不符合 401(k) 或類似計畫的資格，所以選擇利用 IRA 存退休金，你必須創造自己的自動「先付錢給自己」計畫。告訴你有 IRA 帳戶的銀行或券商你想建立系統化投資計畫。這個計畫是將錢定期由其他來源（如薪資扣款）自動轉帳到你的 IRA 帳戶，大部分銀行和券商會為你安排一切，以你名義聯絡公司的薪資部門處理所有書面作業。如果你的雇主沒有提供薪資扣款服務，你可以由支票帳戶自動提撥到 IRA，最理想的時間是收到薪資後隔天。大多數銀行有免費帳單支付服務，使你能安排自動定期付款，傳送特定金額給指定的任何人。

2. 自動存入薪資。

如果你的雇主用電腦化薪資系統，你應該可由公司的人事或人力資源部安排自動將薪資轉入你的銀行帳戶，稱為直接轉入，薪資可立即存入你的帳戶，省下你每週或每兩週浪費中午一小時在銀行排隊存支票的麻煩。順便一提，這比拿到支票做行動存款還好，因為更快又自動化。

3. 自動存入「艱困期間」緊急預備帳戶。

在第五章，我說明至少要在受到聯邦存款保險公司保障的銀行帳戶（不是你一般的支票帳戶，而是特別為此目的開

的帳戶）放入相當三個月支出的緊急預備金當作緩衝，在緊急預備金到上限之前，你至少應該將薪資的 5% 直接轉存到此帳戶。再次提醒，如果你的雇主沒有提供薪資轉帳，安排銀行在薪資發下來隔天自動由支票帳戶轉入。

4. 自動轉薪資至你的「夢想帳戶」。

　　什麼是夢想帳戶？基本概念是你存錢到這個夢想帳戶，用來支付房子、車子、夏威夷旅行、新船、吉他、滑雪課、烹飪學校……不論你的夢想是什麼，大部分夢想需要現金，而因為大多數人沒有現金，他們不是借錢來實現夢想（可能是用信用卡或實際上去借錢），就是夢想永遠無法成真。在某種程度上，你的夢想帳戶是你擁有的最重要帳戶，因為實現你的夢想是生命中真的令人很興奮的地方。至於你的緊急預備金，你應該利用薪資扣款或銀行的線上帳單支付服務，將一定比例的薪資自動轉入專門為此目的開立的聯邦存款保險公司保障帳戶。如果你的夢想還有至少三年才能實現，開始更積極地投資你的錢。我在第二章提到的服務，還有第四章討論的共同基金或財務顧問服務能協助你做到這部分。

5. 自動付你的信用卡帳單。

　　打電話給你所有的信用卡公司，安排將所有信用卡繳款

截止日調到同一天，至少在薪資通常會存入的五天後，所以你知道帳戶中有錢。（如果你詢問，幾乎所有信用卡公司都會同意更改截止日期。）然後利用你的銀行線上帳單支付服務自動在帳單到期前五天繳每張信用卡的最低金額（如果你的銀行沒提供線上帳單支付服務，考慮換到有這項服務的銀行）。如果你想在你任何一張卡付超過最低應繳金額，遵循我在第七章列出的計畫，你會這麼做：你可以支付多出來的金額。自動化支付最低應繳金額可確保你永遠不會錯過繳款截止日，受到滯納金或高利率處罰。

6. 每月自動化支付所有帳單。

　　每月帳單有兩種：一般型的金額都相同（如房貸、租金或車貸），另一種的應繳金額有時會不同（如電話費或有線電視及網路費）。你可利用銀行線上帳單支付服務自動化支付金額不變的帳單，每個月由你的支票帳戶自動扣款。你可自動化支付金額不同的帳單，安排以信用卡付。只要支票帳戶有充足的錢，信用卡帳戶有足夠的信用額度，即可使你永遠不錯過繳款截止日。我整個財務生活都是用這個方式自動化，因此我總是能準時繳款，不論是否在市內，從來都沒有交滯納金或受到處罰。光是這一個祕訣你就可省下銀行和信用卡公司希望從你身上賺到的一年幾百塊滯納金。

7. 自動化慈善捐款。

　　如我在第八章分享的，回饋是成為自動千萬富翁和富足生活的一部分，但與其每年一次大額捐款（你也許真的這麼做），你可以安排透過一系列小額款項，如每筆薪資的 1% 到 10%，自動捐給你選擇的慈善機構。大部分機構很樂意接受你以信用卡或由銀行帳戶扣款捐獻。選擇一個你在乎的機構，每一個月都捐款。機構會很高興，而你會感覺很美好。

　　你現在自動化自己的財務生活了。恭喜！如果從現在開始只做書中說的這些事情，成功就在不遠處等著你了。最後，記得利用像 www.Mint.com 的網站建立線上系統，如此一來你可以自動追蹤你所有資金的流向，同時也能自動看到你的投資成長和債務減少。

　　現在讓我們以一些很棒且能夠激勵你的成功故事做結尾，如果他們做得到，你也可以！

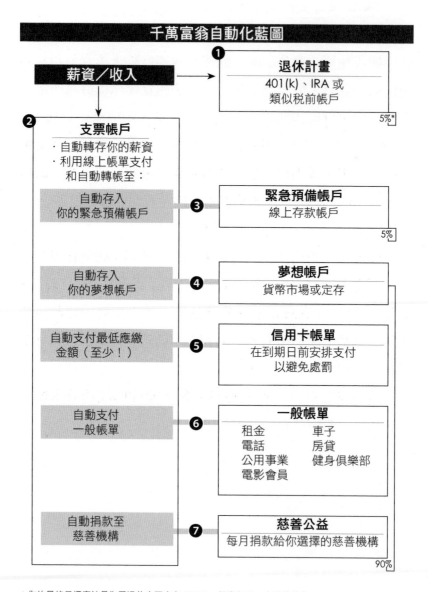

千萬富翁自動化藍圖

薪資／收入

① 退休計畫
401(k)、IRA 或
類似稅前帳戶
5%*

② 支票帳戶
· 自動轉存你的薪資
· 利用線上帳單支付
和自動轉帳至：

自動存入
你的緊急預備帳戶

③ 緊急預備帳戶
線上存款帳戶
5%

自動存入
你的夢想帳戶

④ 夢想帳戶
貨幣市場或定存

自動支付最低應繳
金額（至少！）

⑤ 信用卡帳單
在到期日前安排支付
以避免處罰

自動支付
一般帳單

⑥ 一般帳單
租金　　　　車子
電話　　　　房貸
公用事業　　健身俱樂部
電影會員

自動捐款至
慈善機構

⑦ 慈善公益
每月捐款給你選擇的慈善機構
90%

＊你的最終目標應該是為了退休金至少存 12.5%，相當每日一小時的收入。

結語

從今天開始成為自動千萬富翁！

　　成為自動千萬富翁很容易,為什麼沒有更多人做到呢?答案是人性:大部分人就是不做他們應該做的事。

　　大部分人想做好財務上的事,卻從未找時間或提起勁為成功努力。他們聽說有這樣的計畫,但編理由忽視它。他們說這聽起來太容易,不可能是真的。「成為自動千萬富翁?哦,是喔。」或更糟的是,他們買了這類型的書,十分激動興奮,但沒有運用新知識行動。別像他們一樣,記住你已經做到很厲害的事,而且即將永遠改變你的未來。你採取行動買了這本書,可能已經開始照著學到的先付錢給自己和自動化一切來處理金錢的概念採取行動。若是如此,很棒!如果你還沒開始,現在就行動。

　　別等待,自動理財計畫是根據有效果的簡單原則,很容易執行,**你要做的只有開始行動**。回去重讀啟發你的任何一章,也許你和我一樣,發現麥肯泰爾夫婦的故事打動了你,讓你覺得「如果他們辦得到,那我也可以」。(相信這點是對的。)

　　也許你對算出自己的拿鐵因子很好奇,我從之前幾本書的許多讀者回饋知道這個簡單的小小概念就改變了幾千個人的生命。它能改變你的生命嗎?最快的方式是回到 72 頁記錄你一天的花費。看你做下來的結果,還有你會如何受到鼓舞而成為自動千萬富翁。

　　或許你真的很喜歡搶先在政府之前先付錢給自己的想法。所以還在等什麼？明天就開公司的退休帳戶，或到銀行或券商開 IRA 帳戶，並且**將一切自動化**，錢即會滾滾而入。記住，你自動化儲蓄計畫時，不需要紀律和時間，你將自動付錢給自己。

　　也許你發現如果有個錢自動流入的緊急預備帳戶，生活中可以少很多煩惱，不論你的環境如何，知道銀行有相當好幾個月支出的錢，生活就可以輕鬆不少。如果這想法吸引你，利用第五章的步驟，成為在緊急狀況下實際上有財務緩衝可依靠的極少數人。

　　也許你租房子，受到第六章的激勵想買房子。事實上如果沒有自己的房子，你不太可能成為自動千萬富翁，而你現在知道如何自動成為無債一身輕的屋主了。

　　或許你身陷債務泥沼中，受到第七章鼓勵而採取自動無債生活方式，如果你行動的話它真的能幫助你。

　　或是你喜歡回饋的觀念，畢竟財富不只和金錢有關，而是生活方式。你分享越多，得到越多。貢獻出比你認為可以給予的更多東西，你會看到豐盛源源不絕回流到你身上。

　　最後，無論自動理財計畫哪個部分最吸引你，你應該專注在一個問題：為什麼不去做？為什麼不應用在本書學到的東西？為什麼不自動化生活中所有財務上的事？如果你不喜

歡這結果，隨時可回到之前用的任何系統。當然，一旦設定好自動化程序，我猜你不會想回頭，你會很樂於讓它自己運作，而你繼續過自己的日子，不必再為了金錢或財務安全操心。在你知道前，你的未來會更明亮。不用煩惱錢的事，你將邁向成為自動千萬富翁的坦途。也許你會進一步教朋友成為自動千萬富翁，使他們和你一起展開旅程。

　　想像五年後，銀行裡有錢、沒負債、有自己的房子，有個使你有錢和回饋幫助他人的計畫，想像如果你真心深愛的人也在同一個旅程中，那感覺有多好啊！在遵照麥肯泰爾夫婦和其他我十分有幸碰到的自動千萬富翁的腳步時，我要讓你知道我關心和祝福你。我知道你是很特別的人，有獨特的夢想和才能，你應該看著夢想成真，我知道你做得到。

　　如果這本書觸動到你，我想聽聽你的想法。請傳電郵到success@finishrich.com 給我，分享你的成功、挑戰和感想。在我們相遇前，享受你的生命和旅程，讓一切變得很棒。

成功案例

自動千萬富翁成功故事

　　恭喜！到目前為止，你在成為自動千萬富翁的路上，還是你先翻到這一章了？不論如何，我等不及在此分享了。自2003年這本書首次出版以來，我們收到了讀過書和受到鼓舞真的改變財務生活的人寄來的幾千封電郵和信件。對他們來說很容易嗎？看看他們的故事就知道。在你看的時候，我希望你深有所感，如果這些人辦得到，你也可以。因為這是真的！也許你能做得更好！我期待這些真實成功的故事會啟發你在自己的生活中展開行動，請告訴我過程。是像你這樣的故事激勵我做的事，我很想在未來的書中寫進你的故事。跟我們分享你的故事，請連上 davidbach.com/success-stories。

　　親愛的大衛，

　　《讓錢為你工作的自動理財法》去年七月在書店吸引到我，那時我和家人在購物。我讀了好幾章而他們瀏覽了一下，一切都很有道理。我回到家在圖書館預約這本書，但最後等不及就買了。

　　看到結果時我很自豪，自七月以來我建立了 1,800 美元的緊急預備金，每週自動存入 50 美元。我將 401(k) 提撥率由 4% 升至 15%，我丈夫的則從 5% 升到 15%。我將幾乎所有帳單設定為自動扣繳，支付更多錢到房貸。

　　我真的很自豪，說服三位同事登記 401(k)，公司多年來提供免費資金，但他們都沒有登記。

　　我真的很敬佩成功的人，他們沒有犧牲自己的價值。你幫助了無數人，大衛，而我要寫信感謝你。

金・萊特
亞歷桑納州，鳳凰城

　　親愛的大衛，

　　在看到你上《歐普拉秀》後我讀了這本書兩遍，並開始在財務上應用這些原則。我找到如何抑制內心中的「高消費女人」，購物更有方法，而不是憑一時衝動。

　　我四十八歲沒有外出工作，丈夫四十四歲，是家中負擔

生計的人。我決定先付錢給自己，每個月以 1,500 美元開始，加上丈夫薪資的 30％。他的公司沒有 401(k)，所以是稅後金額。約六個月內，我得以存下 3 萬美元！因此能幫助肺癌末期的媽媽付一些醫療費用，防止發生被迫「賣掉農場」的事。我們在 2005 年可以將提撥比例拉升到 IRA 允許的上限，我們也沒有卡債，除了房貸以外沒有其他重大支出。

　　我很高興這本書淺顯易懂，實際運用在財務上，知道自己在實踐致富退休的一切行動，我的內心感到很踏實。

安娜・霍夫曼

明尼蘇達州，鹿河

　　親愛的大衛，

　　你是發生在我身上最好的事！我的生活有近六年為卡債所苦。我 1999 年離婚成為單親媽媽，收入 35,000 美元，因為我同意和解，負擔了 40,000 美元的卡債和 8,000 美元的車貸，以避免更多法律費用。每個人都告訴我應該聲請破產，但我很開心地說我沒有，而且非常引以為傲。

　　在《歐普拉秀》看到你時我停下手上的事，和你一起上節目的人讓我終於感覺我不是唯一負債的人。我開車到書店買了這本書，當晚只放下它睡幾個小時，隔天就看完了。我感受到重新振作了起來，了解我可以做到，它十分簡單易懂。

　　我建立了當週拿鐵因子，設定清償剪卡時程，也打電話降低我的利率。就這一次我感覺到邁向沒有卡債目標的美好，帶著熱情行進。我贏了！到了 2005 年 6 月 29 日，我正式繳了最後一筆卡費，很激動地打電話給公司關閉帳戶。我把卡剪成碎片，喜極而泣地舞動起來！事情似乎永無休止，但我做到了！耶，感覺好像成功減重五十公斤！

　　我也很自豪地說我開了 ING Direct 帳戶，在看你的書前從來沒聽過它，每週也由薪資自動存下一些錢。我開了公司的 401(k) 帳戶提撥 7％，但上週我們加薪 3％，所以提高到 10％！我愛死了！

　　大衛，你給了我自己從不知道可以擁有的禮物。我實現了很大的目標，再次找到快樂，掌控了自己的生活，感受到內心的力量和決心。一個單親媽媽帶著那些很好的特質，也幫助我女兒在她的生命達到很多目標，你打動了我們。

　　再次謝謝，願上帝保佑你。

德蕾莎・K

紐澤西州，朗布蘭奇

　　親愛的大衛，

　　讀你的書改變了我的財務未來，我看過其他許多本個人理財的書，但沒有一本能激勵我真正開始為未來計畫。

我馬上為了緊急預備金（之前沒有）開立貨幣市場帳戶，
也開 IRA 並提撥到最高比例。我們增加丈夫的 401(k) 提撥到
上限，每個月超付 1,000 美元繳房貸。

即使我是個全職母親，我覺得自己已經貢獻了很多到我
們的退休金，因為在我看你的書前從沒有做過這類的事。我
們在正軌上使我感到心裡很平靜，我有信心在五十歲前可以
成為千萬富翁。

我向所有親朋好友大力稱讚你的書，也帶書給一些朋
友，我很興奮你寫了《起步晚，照樣致富》，我已經為我媽
買了，她超愛的！

阿曼達・沙爾加多

賓州，柯特斯維爾

親愛的大衛，

看完你的書我們今天感覺很開心，儘管有三個有特殊需
要的小孩和跟他們有關的一大堆帳單，但我們十年前由我丈
夫的 401(k) 開始自動扣款計畫。讓我難以置信的是，自動扣
款帳戶居然從零增加到超過 12.6 萬美元，即使我們必須隨時
微調比例因應財務需求，雖然有幾年掉到 2%，但我們又升
回到 18%。

我有兩份兼職工作，我每週自動扣款 250 美元到貨幣市

場帳戶以提撥至我們的羅斯 IRA。我每月自動提撥 1,200 美元至兩個兒子的 529 教育儲蓄帳戶。我們自動將其餘金額放在緊急預備金中，有 2 萬多美元，相當五個月的開銷！另外每週 50 美元則自動投入假期俱樂部。我們每年也多付一期房貸。

我現在正把第二份工作的薪資放在簡易員工退休金 IRA 或新的單人 401(k)。如你所說，唯一有用的方式是自動化。多年來我們非常守紀律但無法持續，現在我們習以為常了。我們可以舒適地過自己想過的生活，知道我們的未來很確定，對面臨眾多挑戰的家庭來說很不錯。

瑪麗・路意絲・基爾

賓州，切斯特泉

親愛的大衛，

我最近看完了你的書，只是要說謝謝你啟發了我太太和我馬上儲蓄和替未來做計畫，我也要將功勞歸於買書給我的太太。因為我們只有二十五和二十六歲，我相信我們很有可能像書中提到的麥肯泰爾夫婦那樣退休。

很快地……2002 年 11 月我們存錢買了第一棟房子，自那時起即成為自豪的屋主。我一年多前也開始公司的 401(k)，現在帳戶有 7,000 多美元，我太太最近開了自己的帳

戶。我最近增加提撥比例，由5%至8%，一切都自動化。

利用我們房子的淨值，我們貸款繳清所有卡債、高利率車貸和零售店卡，每個月省了很多錢。我們關閉了這些帳戶並承諾向這類帳戶說不。如果我們沒有現金購買，顯然是沒有立即的需要。

我們也開了存款帳戶，每週付75美元給自己，我們決定不碰它。我們在銀行也有存款帳戶，在時機不好時當成緊急備用金……存了約相當於兩個月支出的錢。可惜房貸機構沒有雙週繳服務，但我接受你的建議，每期都多繳10%。

我們照你書中列出的建議做，最後會提高401(k)提撥比例並學習以較少的錢生活。我們也將每筆薪資中小額的錢捐給選擇的慈善機構。我太太和我都想說感謝你鼓舞我們，而我們希望有天能像麥肯泰爾夫婦早日退休。

瑞克和安・朗斯垂特

紐澤西州，漢彌爾頓

親愛的大衛，

在連續三天嘗試拿鐵因子後，我了解日常支出中沒有花費在不必要的東西上。我不喝咖啡，而且過去十年都帶午餐到公司。我了解自己原來會在雜貨店或買衣服時購買不需要的東西。看了上個月的收據，發現有600多美元花在真的不

需要或不買也沒關係的商品。因此我開了 ING 帳戶，增加 401(k) 提撥，償還更多債務。

看你的書激勵我設定自己的目標，看到更清晰的未來，財務上的壓力也不像以前那麼大。我可能要花點時間達到目標，但不達目的絕不放棄。

瑞妮・佛羅利
德州，羅列

親愛的大衛，

我必須告訴你，我不看書，但我沒辦法放下這本書。我找到自己的拿鐵因子，是樂透彩券，每週花 9 美元，也就是一個月 72 美元，一年 864 美元，而我十年來一直在買，至少 8,640 美元。我贏回來多少錢？大概不到 200 美元。

我也在存錢，大約兩年半前我加入公司的 403(b)，每筆薪資提撥 15%，公司則相對提撥 3%。到目前存了 24,000 美元。每筆薪資也放了 100 美元在儲蓄債券。我以為會很難，但我沒有錯過扣款，而我知道如果手上有錢就會花掉。

這個週末我要看看是否還有其他拿鐵因子。我丈夫還有，天啊，我們要好好談談。這個啟發很重要！謝謝你！

戴安・喬德奇奧－威爾森
科羅拉多州，朗蒙特

親愛的大衛，

幾週前我在電視上看到你，馬上就買了你的書。三年前我買下第二間房子，而因為你的書，這週我把房貸轉為雙週自動繳系統，將減少七年的貸款，省下 10 萬美元以上，謝謝你超棒的建議。

布魯斯・米勒
德州，奧斯汀

親愛的大衛，

我只是想告訴你我很愛看你的書，我對財務、投資、儲蓄或退休規劃從來就不感興趣。事實上，我認為那些關心金錢的人很任性、小氣和膚淺。

但離我五十歲生日沒幾年了，因此我開始真的意識到「退休」這件事。我在《今日秀》看到你，想著自動理財很容易，連我都可以做到。幾週後看到這本書就買了，它很有教育性、易讀……而且意外地令人振奮。

幾週內我開了帳戶，自動由薪資扣款，增加雇主相對提撥的退休基金提撥比例，在還卡債上有重大進展（目前為 1,200 美元並快速減少）。我很興奮能開始這冒險，謝謝你！

湯姆・曼托尼
賓州，伊士頓

親愛的大衛，

　　以我和我未來老婆的名義，我要謝謝你讓我的生活自動化。多年來我爸爸試著教我有關金錢的事，但我總是以為它太複雜或自己沒那麼多錢改變生活。我當時不知道有那麼容易。我大約在到自動理財過程四分之一的地方，那時受到你的「你每天為自己工作幾小時」方程式所牽動，我起床到電腦前把 401(k) 提撥比例由 4％升到 15％，同時我也在存款帳戶設定額外的扣款動作。我的未婚妻和我過和以前完全一樣的生活方式，然而，我們的生命更豐富了，因為知道退休時有一桶金等著我們。我們也預期明年買第一棟房子，而已經準備好了錢使事情變得輕鬆許多。這本書應該成為美國每間高中和大學學生的指定讀物，其中資訊好到無法拒絕，當然是非常厲害。

　　發自我內心……謝謝。你改變了我的生命。

克里斯・克斯勒
德州，奧斯汀

親愛的大衛，

　　謝謝你寫下這本書，我昨天買了而且手不釋卷。我實際上是現在看完，而它是我一生中讀到最驚人的東西之一。我太太和我薪水都不錯，但總是找理由花錢。身為會計師和財

務規劃師，我曾懇求她開始存錢，但到這部分時，我們兩人都找藉口逃避。

我們確實有個房子並提撥 401(k) 計畫，因此不全是個夢魘，我只是一直知道我們可以做得更好。至於目前，我知道現在是開始存錢的時候，而運用你的計畫，應該很容易。我今晚會讓她看這本書，因為我知道它已改變了我看待我們財務的角度以及我的生活，當然也能改變她的生活。

非常感謝你寫了這本書，我也希望將它列為我所有財務規劃客戶的推薦讀物。我每次和客戶碰面時都會這麼建議。保重！

派翠克・普萊斯
加州，奧克蘭

親愛的大衛，

你的書永遠改變了我的生命。讀完後我無法回到過去的方式了，幸虧有你簡單的「我以前為什麼沒有想過？」計畫，我的家庭可以富足退休。我們是年輕的軍人家庭，利用你列出的明確策略成為有錢人。感謝上天讓我即時發現了你。

我很投入財務的事務，自願在教會教大家如何「聰明理財」，而我總是帶著你的書當做推薦讀物。我告訴所有親朋好友從書中學到的東西，希望他們未來也和我一樣興奮。這

些書也成為很棒的禮物。

　　非常感謝你教導我如何在退休時成為千萬富翁。你超強的！

桑雅·葉斯利
華盛頓州，帕斯科

　　親愛的大衛，

　　我叫凱特，將成為馬里蘭州巴爾的摩梅西高中高三生。今年秋天要上個經和總經的課，我們夏日讀物包括你的書。

　　我必須在學期開始前讀八本無聊的書外加你這本（我沒算在無聊的書裡），我選擇先看你的書，因為即使才十七歲，我很愛金錢，令我的男友很嫉妒。今天看完了，而那無疑是我生命中最值得的事。學校從來不教消費社會最基本和必要的層面，我認識的大部分年輕人害怕金錢的事，因為他們覺得太複雜了。

　　因此如你所說，他們卡在月光族的循環中。我的父母一生都在工作，但他們快六十歲了，才剛再融資房貸，再展延十年。在晚餐桌上，我「教育」他們從你的書學到的所有東西，我爸很有興趣，他是下一位讀者。

　　這本書真的指引我通往財務未來更清楚的方向，希望提早開始能使我成為自動千萬富翁，過兩年後我會告訴你狀

況。我想以父母照顧我的方式照料他們，這是我要在你計畫中成功的誘因。因此謝謝分享給美國你的專業知識，我們極需誠實又簡單的財務建議。在看完其他八本作業後，我會看《聰明女人致富七招》。不過嘛，我認為其他八本書的作者不會收到我的讀者來函。

我期望退休時能坐擁千萬！再次感謝！

凱特‧哈林頓

馬里蘭州，巴爾的摩

謝辭

　　今天早上我六歲的兒子詹姆士問我今天要做什麼，我告訴他：「爸爸在更新自己最愛的書《讓錢為你工作的自動理財法》。」

　　「所以你是讓它更好嗎，爸爸？」詹姆士問。

　　「我當然希望啊。」我回答。

　　我幾乎不敢相信自這本書初次出版以來已經超過十五年了，到現在全球印了七百多萬本我的系列著作，我還是無法相信我有多幸運能在過去十五年寫下你們許多人喜愛的書。因此所有的感謝都由你，我的讀者開始。

　　我很感激你，我的讀者，多年來親切地為這本書感謝我。你們的「自動理財法如何改變你的生命」故事是我生涯最大的回報。你們的電郵、信函、Facebook 的貼文，更不必說你們一直在機場、演講和簽書會叫住我，你們無可抵擋且衷心的感謝鼓勵我更新這本書，讓它持續在全球面世。

　　也要特別感謝蘭登書屋（Random House）和皇冠出版（Crown Books），包括提納・康斯塔博和羅傑・蕭爾，給予更新和支持新版本的機會。致我的經紀人詹・米勒，你鼓勵

此決定並在此過程支持我。致艾倫・梅爾，你和我合作所有的書，你很優秀。

在我坐下更新這個謝辭時，十多年前的回憶湧上心頭，恍如昨日。刪除和更新過去來改變過去是不對的，所以致所有當初幫助我將這本書化為可能的人，一切如故。在初版謝辭中，我本該特別感謝的重要人物是歐普拉，可惜這本書初版在上節目之前就已經出版了。致你和你在哈博驚人的團隊，尤其是從凱蒂・戴維斯到坎蒂・卡特，我永遠要感謝你們給我機會傳達自動理財法的訊息給觀眾。我們一同合作才能幫助幾百萬人，而我永遠忘不了這經驗。

最後，我要謝謝我非凡的家人，致我很優秀的妻子阿雷西亞和兒子傑克及詹姆士，我深愛他們超過自己，你們無疑是我生命中最棒的部分，無與倫比。致我的父母（身為一個兒子已無所求了）巴比和瑪提・巴哈，你們總是支持我，無條件鼓勵和愛我，我愛你們。我也要感謝蜜雪兒，男人能追求到的最佳「前任」，還有她了不起的丈夫吉恩及女兒夏綠蒂——我們有個很棒的現代家庭，而我要十分感謝你們所有的愛。感謝似乎很渺小，但還是要認真地說，謝謝你！

大衛・巴哈
紐約，2016 年

初版謝辭

　　一本書的問世要靠很多人的努力，而有很多人在此過程支持我改善他人的財務生活並富足退休。如果沒有支持和愛我的團隊，《聰明女人致富七招》、《富貴成雙》、《富足退休練習簿》和現在這本書，就永遠沒辦法接觸到幾百萬位讀者。全都是因為以下的朋友我才有這榮幸在全球展開驚人的旅程，以我的想法和寫作觸及許多人。

　　致以下的朋友，我要發自肺腑的說謝謝你！

　　首先致我的讀者：過去五年我收到大家幾千封信件和電郵，鼓舞我繼續做更多事。你的問題，以及我的書如何協助你更能掌控財務生活及實現夢想的故事真的啟發了我。知道我觸動你們許多人讓我從事的所有寫作、演說和旅行都值得了。我真心希望本書符合你的期望和你一再問我的問題：富足退休的真正祕密是什麼？

　　致百老匯出版（Doubleday Broadway Publishing Group）的夢幻團隊：這是我喜愛和欣賞的真實伙伴關係。致我的出版商史帝芬・魯賓和麥可・帕爾根、比爾・湯瑪斯和傑若德・浩爾，謝謝你們支持自動理財法的願景。這本書不只是書，

它是個運動，而你們幫助這個運動在百老匯扎根。致我的編輯克里斯‧普歐波羅，這本書是實際合作的結果，你是每個作者都很想要合作的伙伴。致貝斯‧海梅克，感謝你在幕後的支持，你在維持我們在正軌上居功厥偉。致我在百老匯的公關團隊，大衛‧德雷克、潔西卡‧希爾卡克斯、蘿拉‧皮勒，加這本共四本書了！除了深深地感謝你們所有人的努力發出訊息外，我還能說什麼。你們從一開始就跟隨我，而由於你們的引導我們才可觸及那麼多人。致夏綠蒂‧波拉克和珍妮爾‧莫伯格，謝謝你們的行銷和銷售努力；你們都進一步發揚本書理念和使命。致琴‧崔納和約翰‧方塔納，謝謝你在封面上的完美作品；你掌握到這本書的精髓。致艾倫‧梅爾，我們已合作四本書了，世界上很少有寫作關係能持續這麼久，而我們的合作更加的好，謝謝；這旅程收穫良多。也謝謝堅持要我重寫，又有個新生兒。這本書要獻給莎夏和瑞妮寶貝！致詹‧米勒，我的搖滾天王文學經紀人，我向你致敬。你在我還是財務顧問時就帶領我，現在仍然看著我。出版一百萬本後，我們真正開始進行了！比我想像的還有趣。致雪倫‧米瑟‧馬文和金‧威爾森，你們是最棒的。我知道讓你們做得很累，而我真的很感激你們的投入。

致在「富足退休公司」（FinishRich Inc.）支援我的夢幻團隊，我欠了很多感謝。首先是莉茲‧多佛地，我的「得力

助手」，我真的是受到庇佑才找得到你，謝謝讓我的生活協調一致，你是世界一流的策略助理。致我的律師史帝芬‧布雷莫，我很感激每天能遇見你，謝謝你為我在每個訂定的協議提供完美的意見，也保護我。致我的經紀人團隊，娛樂行銷公司（Entertainment Marketing Partners）的馬克和艾瑞克‧史特洛曼及馬克‧伯爾曼，謝謝你們的眼光、洞見和承諾協助我幫助更多人，我很高興未來能一起合作。致我的金融服務經紀人哈利‧柯尼利厄斯，我們已來往了五年並繼續下去，多美好的旅程，好大的衝擊，你從開始時就是個真正的專家。

　　有時當你有個夢想，你會很幸運地找到合作伙伴，幫助你實現它。對我而言，那些伙伴之一是 Van Kampen 投資，我們自 2000 年起就合作以「聰明女人致富七招」和「富貴成雙」研討會教育幾十萬人。特別感謝戴維‧史汪森、史考特‧威斯特、莉莎‧昆、蓋瑞‧迪莫斯、克利斯丹‧摩利、大衛‧利頓、卡爾‧梅菲爾德、吉姆‧楊特、馬克‧馬克留爾、艾瑞克‧哈根斯和麥克‧托賓，還有八十多家支援和講授幾千場研討會的批發商。致傑克‧齊莫曼、多米尼克‧馬特拉羅和法蘭克‧穆勒，謝謝多年來的支持。我也要向目前每年在「富足退休」研討會授課的幾千位財務顧問致上最深的感謝。我們過去四年教了近五十萬人。真的很驚人！致摩根史坦利的傑克‧坎普和寶拉‧杜爾，感謝讓我巡迴全國散布「富

「貴成雙」的訊息，這是到目前為止我做過最成功的巡迴研討會，幾週內接觸到幾千對夫妻。我等不及在 2004 年再去巡迴了。

致美國線上（America Online）團隊——提娜·莎奇、茱蒂·胡波、珍妮·貝爾德和傑米·哈蒙德——感謝馬上看到了自動千萬富翁的力量。我們將一起改變許多人的生活。我很高興成為第一位美國線上的金錢教練，那將是個冒險旅程。再來是持續和我分享的許多導師和教練。致丹和貝伯斯·蘇利文，謝謝成為策略教練和教導我如何將我的知識分享到全世界。致理察·卡爾森、芭芭拉·安吉麗思、安東尼·羅賓、馬克·維多·韓森、羅伯特·艾倫、羅勃特·清崎、路易斯·巴拉哈斯、多提·華特斯、喬·波利士、比爾·巴克洛克、馬莎·威德和其他許多人，每一位多年來都親自教我如何精進我的工作，因此我要再次感謝。

致我在世上最親愛的朋友們，不論我多久回他們電話或電郵，他們還是愛我，謝謝一直支持我。特別要擁抱比爾及珍妮·荷特、安德魯和貝琳達·多納、貝特西和 T.G. 佛瑞瑟、傑夫和卡洛琳·根舍、傑夫和唐娜·歐迪歐恩、大衛·克羅尼克、比爾和柯特妮·戴克、麥可·卡爾和我們最親愛的朋友瑪麗及布蘭特·克萊德，謝謝讓我們的新家感覺像甜蜜的家。此外，致我在紐約交流的新創業家夢幻團隊——我

的 YEO 論壇（羅爾克、阿夏、提索、麥特、B 馬丁、大衛、提娜、艾瑞克），我愛大家！致我的姻親，瓊和比爾·卡爾，我超級幸運不只找到蜜雪兒，也加入有那麼多愛和支持的家庭。致我的奶奶和外婆哥德史密斯，我好愛你們；謝謝如此長壽，我才能向你們學習。

致我的父母瑪提和巴比·巴哈，他們仍是我最大的粉絲，我日益了解當你們的兒子有多幸運。我十分敬佩你們並深愛身為父母的你們。致我的妹妹愛蜜莉和她的丈夫湯姆·莫哥利亞，除了很愛你們之外，我真的很感謝你們接手我的財務規劃，表現得極好。巴哈集團是過去十年建立的龐大機構，而我知道過去幾年很艱困，但你們仍然全力地服務客戶。

致我很棒的妻子蜜雪兒：過去十八個月間我們搬到紐約市，遠離親朋好友，我寫了三本書，旅行了二十萬哩，上了些電視和廣播節目。但你仍然愛著我。不管環境好壞，你每天都聆聽我的心聲，你的回饋意見成就了這本書。我們目前已分享了十年的友誼和愛情，每天我越來越覺得很幸運有你在身旁。致我即將出生的兒子傑克，走筆至此他正在媽媽身體裡成長，謝謝你讓我了解生命有多特別。知道你正要參與我們的生活，這是生活富足的意義，我等不及要見到你了。

最後，致我做財務顧問時會面的幾千人，你們的生命故事提供我許多素材去教導別人，而我現在真的了解這禮物有

多美妙。

我深深地感謝和愛你們大家。

大衛・巴哈

紐約市，2003 年

![高寶書版集團]
gobooks.com.tw

RI 379

讓錢為你工作的自動理財法：簡單三步驟，啟發全球 150 萬人的自動千萬富翁系統
【暢銷 20 年紀念版】
The Automatic Millionaire, Expanded and Updated: A Powerful One-Step Plan to Live and Finish Rich

作　　者	大衛‧巴哈（David Bach）
譯　　者	黃仲華
責任編輯	林子鈺
校　　對	吳珮旻、賴芯葳
封面設計	林政嘉
內頁排版	賴姵均
企　　劃	鍾惠鈞

發 行 人	朱凱蕾
出　　版	英屬維京群島商高寶國際有限公司台灣分公司 Global Group Holdings, Ltd.
地　　址	台北市內湖區洲子街 88 號 3 樓
網　　址	gobooks.com.tw
電　　話	（02）27992788
電　　郵	readers@gobooks.com.tw（讀者服務部） pr@gobooks.com.tw（公關諮詢部）
傳　　真	出版部（02）27990909　行銷部（02）27993088
郵政劃撥	19394552
戶　　名	英屬維京群島商高寶國際有限公司台灣分公司
發　　行	英屬維京群島商高寶國際有限公司台灣分公司
初版日期	2018 年 6 月
二版日期	2023 年 9 月

國家圖書館出版品預行編目（CIP）資料

讓錢為你工作的自動理財法：簡單三步驟，啟發全球 150 萬
人的自動千萬富翁系統 / 大衛．巴哈 (David Bach) 著；黃仲
華譯 .-- 二版 .-- 臺北市：英屬維京群島商高寶國際有限公司
臺灣分公司, 2023.09
　　面；　　公分 .--（致富館；RI 379）
譯 自：The Automatic Millionaire Expanded And
Updated : A Powerful One-Step Plan To Live And Finish
Rich

ISBN 978-986-506-808-0（平裝）

1.CST: 個人理財 2.CST: 投資

563　　　　　　　　　　　　　　　　112013828